Anja Demandt

Warum verhält sich meine Katze so?!

Angst, Aggression, Unsauberkeit & Zerkratzen durch Verhaltenskunde verstehen und beheben

Bibliografische Information der Deutschen Nationalbibliothek:
Die Deutsche Nationalbibliothek verzeichnet diese Publikation in der
Deutschen Nationalbibliografie; detaillierte bibliografische Daten sind
im Internet über http://dnb.dnb.de abrufbar.

Verlag: BoD • Books on Demand GmbH, In de Tarpen 42, 22848 Norderstedt
Druck: Libri Plureos GmbH, Friedensallee 273, 22763 Hamburg

ISBN: 978-3-7597-8750-7

Inhalt

I. Einleitung

II. Über das Katzenverhalten

III. Die ängstliche Katze

IV. Die aggressive Katze

V. Die stubenunsaubere Katze

VI. Die kratzende Katze

VII. Anhang

I.
Einleitung

Katzen bereichern unser Leben.

Ihre Rollen sind dabei so vielschichtig wie ihr Wesen. Sie sind: Familienmitglieder und Musen, Mäusejäger und Luxusgeschöpfe, Motive der schönen Künste und Spielgefährten, Sozialpartner und Berühmtheiten der zahlreichen Katzen-Inhalte im Internet.

Doch dann und wann fällt ein Stubentiger scheinbar aus der ihm zugedachten Rolle und verwandelt sich in eine sogenannte Problemkatze.

Dem oder der engagierten Katzenfreundin stellt sich daraufhin die Frage nach dem Warum für das unerwartete oder auch unerwünschte Verhalten der eigenen Samtpfote.

Insbesondere Auffälligkeiten aus den Bereichen Markier- und Aggressionsverhalten bringen nicht wenige KatzenhalterInnen an die Grenzen des eigenen Verständnisses und Wissens.

An diesem Punkt setzt der Ihnen vorliegende Ratgeber an.

Mithilfe der Erkenntnisse aus der Verhaltensforschung arbeitet er Ursachen für das aus der Sicht unserer Minitiger notwendige Katzenverhalten heraus. Des Weiteren bietet er Ihnen als HalterIn Hilfestellungen und erste Maßnahmen, um auffälliges oder unerwünschtes Verhalten des eigenen Haustiers umzulenken oder zu beheben.

Damit die Frage nach der Absicht hinter dem Verhalten Ihrer Katze für Sie künftig beantwortet ist.

II.
Über das
Katzen-
verhalten

II.I Ich schnurre, also bin ich –
aber wer oder was?

Identität ist wichtig. Durch sie fühlen wir Menschen uns als soziale Wesen einer oder mehreren Gruppen zugehörig, über welche wir uns, unser Dasein und unser Tun definieren und vergleichend einschätzen können: biologische Abstammung, familiäre Herkunft und Bindungen, sozialer Status, Lebensgewohnheiten, Vorlieben und Abneigungen.

Wie aber steht es mit jenen Wesen, mit denen wir eng verbunden unser Leben teilen? Woher »weiß« eine Katze, dass sie eine Katze ist? Und auf welche Art und Weise erfährt Ihre Samtpfote, wie sie sich dementsprechend katzengerecht und den Gepflogenheiten der Katzenwelt genügend zu verhalten hat?

Die körperliche Entwicklung
Grundvoraussetzung, wie das Raubtier Katze leben und sich bewegen zu können, ist ein entsprechendes körperliches Rüstzeug. Und so entwickelt sich, wie bei vielen Wirbeltieren, auch bei unseren Stubentigern zuerst der Tastsinn, anschließend das Gleichgewichtssystem, nachfolgend das Hörsystem und zuletzt die visuellen Fähigkeiten. Demgemäß hat Mutter Natur es so eingerichtet, dass bereits einige Wochen vor der Geburt der Tastsinn des Fötus aktiv ist.
Nach einer Tragzeit von ungefähr dreiundsechzig Tagen (individuelle oder rassetypische Abweichungen lasse ich in meine Angaben jeweils unberücksichtigt) erblicken die Kitten das Licht der Welt.

In den ersten beiden Lebenswochen orientieren sich die kleinen Kätzchen mithilfe ihres Tastsinns, durch Geruchseindrücke und reagieren aufgrund thermischer Anreize der Körperwärme ihrer Mutter. Bereits ab dem fünften Tag reagieren die jungen Katzen auf Geräusche. Die Entwicklung des mit Geburt aktiven Geruchsinns ist bis zur dritten Lebenswoche beendet. Die Augen öffnen sich normalerweise zwischen dem siebten und dem vierzehnten Tag.

Erste Schritte auf noch wackeligen Beinen finden ungefähr ab der zweiten, dritten Woche statt, da bis zu diesem Zeitpunkt die Koordination der Beinchen noch eher unbeholfen ist. Ab diesem Zeitpunkt sind die Katzenbabys in der Lage, dem Muttertier zu folgen und sich auch außerhalb der Wurfkiste zu bewegen. Bis zum gezielten Umgehen von Hindernissen und dem Aufsetzen der Pfoten dauert es jetzt nicht mehr lange; diese Fähigkeiten sind etwa in der vierten, fünften Lebenswoche vorhanden. Ebenfalls ab diesem Zeitpunkt sind die Babykatzen in der Lage, ihre Körper vollständig aufzurichten.

Sie verfügen nun über einen vollständig ausgebildeten Hörsinn und auch das körperliche Koordinationsvermögen ist jetzt so weit fortgeschritten, dass Fang- und Jagdspiele mit den Wurfgeschwisterchen möglich sind.

Mit Beginn der siebten Woche nähert sich die Kitten nach und nach immer mehr dem Benehmen der erwachsenen Katzen an.

Damit haben die Kätzchen sämtliche körperlichen Voraussetzungen, sich wie echte Samtpfoten durch die Welt zu bewegen.

Die geistig-soziale Entwicklung hingegen hält weiter an.

Im Laufe der sich anschließenden gut zwei Monate entwickeln die Jungkatzen noch alle wichtigen Verhaltensweisen und erlangen die relevanten Kenntnisse, um eigenständig als Katzen überleben zu können.

Doch wie verhält es sich mit dem Fühlen, dem Denken – also dem Wissen um ein artgerechtes Katzenbenehmen?

Die geistige Entwicklung

Katzen sind bekannt für ihre rasche Auffassungsgabe und ihre selbstbe-stimmte Lernbereitschaft. Doch existieren auch und gerade bei der heran-wachsenden Katze besondere Zeiträume, innerhalb deren sich das Tier, zielgerichtet auf ein späteres Leben als erfolgreiche Mäusejägerin, beson-ders gut und einprägsam neue Kenntnisse und Fertigkeiten aneignet.

Die Prägungsphase

Bereits in ganz jungen Kittentagen werden Katzen durch eine besondere Form der Wissensaneignung angeleitet: der Prägung.

Streng genommen ist dieser Lernprozess auf eine mehr oder weniger fest umrissene Zeitspanne im Laufe der jugendlichen Entwicklung unserer Kat-zen (oder eines anderen höher entwickelten Säugetieres) befristet.

Die in dieser sogenannten »sensiblen Phase« zwischen der dritten bis siebten Lebenswoche erzielten Lernergebnisse verankern sich besonders fest im Gedächtnis der Katzen und werden praktisch kaum vergessen oder verlernt.

In der Praxis bedeutet das für unsere körperlich mit allen »Instrumenten« für ein Katzenleben ausgerüsteten Samtpfoten, dass sie nun aufgrund des in der Prägungsphase durch ihre Katzenmutter und die Wurfgeschwister-chen erworbenen Bewusstseins einen weiteren Baustein zur Findung ihrer Identität als Katzen erhalten haben.

Gleichfalls bildet sich bei den Kitten in dieser Lebensphase die Grundein-stellung uns Menschen gegenüber.

Je häufiger und länger Menschen in diesem Lebensabschnitt freundliche Kontakte zu den heranwachsenden Kätzchen aufnehmen, umso offener und positiver werden die Katzen als erwachsene Tiere auf den Menschen-kontakt reagieren.

Neben dem Hautkontakt wie Streicheln beziehungsweise auf oder in den Arm nehmen ist auch die Kontaktaufnahme über unsere Sprache, verbunden mit Lachen, enorm wichtig.

Jede Kontaktaufnahme sollte ein positives Erlebnis für die Jungtiere sein. Es ist gut, wenn der tägliche Kontakt nicht ausschließlich durch eine einzige Bezugsperson erfolgt, sondern die Kitten schon frühzeitig mit unterschiedlichen Menschen jeden Geschlechts eine Beziehung aufnehmen.

Dadurch vermeiden Sie als HalterIn eventuelle Ängste gegenüber Fremden. Achten Sie jedoch möglichst darauf, sich mit jedem »Kittenkraulenden« auf einen identischen Ablauf der Kontaktaufnahme zu einigen. Denn das fördert trotz wechselndem Akteur die soziale Prägung und bringt Stabilität und Zuversicht in das Katzenleben.

Die Sozialisationsphase
Mehr oder weniger nahtlos geht der Lernprozess ab etwa der achtzehnten Lebenswoche von der Prägungs- in die Sozialisationsphase über.

Mit Beginn der vierten, fünften Lebenswoche hat das Erkundungsverhalten und der Spielwillen der jungen Katzen zugenommen. Waren es zunächst eher die spielerischen Kontakte zu den Geschwisterchen, tritt nach und nach der spielerische Kontakt zur Umwelt in den Vordergrund.

Anhand der dort gemachten positiven und negativen Erfahrungen lernen die Jungtiere, ihre Umwelt auch in potentiell gefährliche (Geräusch eines fahrenden Autos, Hundegebell) und potentiell ungefährliche (Klappern eines Schlüsselbundes, Surren des elektrischen Dosenöffners, Brummen des Staubsaugers) Umweltreize zu unterteilen.

Des Weiteren bereiten sich die Tiere mithilfe der spielerischen Erfahrungen auf die für ihr späteres Leben benötigten Verhaltensweisen und Bewegungsabläufe vor.

Aufgrund dieser schwerpunktmäßig jetzt eher nach außen gerichteten Entwicklungsstufe erfahren die Kitten nach und nach immer mehr über ihre persönliche Identität und die der eigenen Art und lernen, sich von anderen Gattungen abzugrenzen.

Im innerartlichen Austausch bedeutet das:

- ☑ die Kenntnis aller artspezifischen Verhaltensmuster
- ☑ das Wissen um die Kommunikation von Katzen untereinander (Körpersprache wie Mimik, Schwanzstellung, »Buckeln«)
- ☑ Artgenossen aufgrund ihres Aussehens, ihres Geruches und ihres Verhaltens von anderen Tierarten unterschieden zu können
- ☑ Erlernen der Benimmregeln sowohl für eine erste Kontaktaufnahme zu einem unbekannten Artgenossen als auch die soziale Kontaktaufnahme zu einem bekannte, befreundeten Artgenossen, zum Beispiel durch Spielaufforderung oder Köpfchengeben
- ☑ ein Erkennen von gesetzten Grenzen im Umgang miteinander und damit verbunden das Wissen, wie weit man bei welcher Katze gehen kann, darf und sollte

Nach erfolgreichem Durchlaufen dieser wichtigen Phase haben die heranwachsenden Katzen erlernt, sich den unterschiedlichsten Herausforderungen ihres Lebens zu stellen und damit sicher umzugehen.

Allerdings fängt das individuelle Lernen jetzt erst richtig an …

Was nehmen Katzen wahr?

Gestatten Sie mir im Zusammenhang mit der Aneignung von Wissen die etwas provokante Zwischenfrage nach der Wahrnehmung unserer Tiere.

Was empfindet eine Katze? Hat sie tatsächlich so etwas wie ein »Bewusst Sein« im eigentlichen Wortsinn? Ist sie sich über ihr subjektives Dasein als Mieze und ihrer Handlungen »im Klaren«? Fühlt sie, streng wissenschaftlich betrachtet, tatsächlich »etwas«?

Und wie erhalten wir Menschen davon Kenntnis?

Furcht etwa lässt sich mithilfe der ausgeschütteten, körpereigenen Substanzen nachweisen, welche schlussendlich dazu dienen, eine angemessene Reaktion vorzubereiten. Und auch Freude oder Erregung lassen sich entsprechend wissenschaftlich anhand der im Körper einsetzenden Prozesse dokumentieren. Das gilt auch für den Organismus unserer vierbeinigen Familienmitglieder.

Das tierische Bewusstsein als Schlüsselfaktor

Unter dem Begriff des Bewusstseins wird die Gesamtheit der Sinneseindrücke Empfinden, Wahrnehmen und Erleben zusammengefasst.

Einst wurde Tieren eine bewusste Fähigkeit zur Erkenntnis eher abgesprochen. Schätzungsweise, weil es an wissenschaftlichen Methoden fehlte, ihre Bewusstseinszustände und deren Verarbeitung stichhaltig nachzuvollziehen respektive zu entschlüsseln.

Heute hingegen zeigt sich zum Beispiel durch die »New Yorker Erklärung zum Bewusstsein der Tiere«[1] vom 19.04.2024 ein wissenschaftliches Einvernehmen, dass auch die nicht-menschliche[2] Tierwelt subjektiv bewusst empfinden könnte.

---

[1] https://www.forschung-und-lehre.de/forschung/haben-tiere-ein-bewusstsein-6387, Seitenaufruf: 20.09.2024.

[2] Begriff aus der Tierethik: moralische Ungleichbehandlung oder Überlegenheitsgedanke von Lebewesen aufgrund ihrer Artzugehörigkeit (= Speziesismus).

Im Zusammenhang mit der Fragestellung nach dem subjektiven Erleben fällt des Öfteren der Ausdruck »Evidenz«[3]. Als Erkenntnis über »Etwas« oder »Jemanden« entsteht sie im Laufe eines intensiven Zusammentreffens mit einem zuvor unbekannten Lebewesen. Mithin wird das zuerst fremde Wesen zu einem einmaligen und unverwechselbaren Gegenüber und damit zum »Du«. Aus dem Erkennen des »Du« entwickelt sich automatisch das gegenüberstehende »Ich«.

Die Zoologin Doktor Mircea Pfleiderer hat in diesem Zusammenhang eine Erklärung gefunden, die ich Ihnen gerne als Zitat weitergebe:

> »Das ›Du‹ wird dadurch evident, dass wir den Ausdruck wiedererkennen, der auf uns denselben Eindruck macht, den wir offensichtlich auf andere machen, wenn wir uns desselben Ausdrucks bedienen.«[4]

Die Fähigkeit zur »Du-Evidenz«, und die damit automatisch einhergehende »Ich-Evidenz«, setzt folglich gleichzeitig ein bewusstes Erleben und Wahrnehmen durch das Individuum voraus. Was wiederum eine Weiterentwicklung weg von einer rein instinktgesteuerten, unreflektierten Handlung hin zur bewussten wechselseitigen Beziehung bedeutet.

Ist das bei unserer Sozialpartnerin Katze der Fall? Oder neigen wir Menschen aufgrund unserer emotionalen Nähe zu einer anthropomorphen, also vermenschlichenden Sicht auf das felide Verhalten?
Doch sind es andererseits nicht Verhaltensweisen wie Freude, Verlegenheit oder Reue, die KatzenhalterInnen (scheinbar) an ihren samtpfotigen Lieblingen wahrnehmen, die auf eine Weiterentwicklung hin zu Empfindungen »höherer Art« deuten? Aber was ist, interpretiert der oder die HalterIn hier lediglich das eigene Gefühlsleben in das Tier hinein?

---

[3] Evidenz, lateinisch: Augenschein, Offensichtlichkeit, Selbstverständlichkeit.

[4] Mircea Pfleiderer, persönliche Kommunikation, 27.08.2005.

II.II Lernen macht Spaß

Wie Katzen sich fürs (Über-)Leben weiterbilden

Eine zusätzliche Erweiterung des Verhaltensrepertoires, und damit der Identitätsfindung, geschieht auch nach Absolvieren der Sozialisationsphase durch das sogenannte eigenverantwortliche Lernen.

Ist eine junge Katze beispielsweise eigenständig auf Beutezug und trifft das erste Mal auf ein ihr bislang unbekanntes Objekt, ist es nun an ihr, sich in vielen mehr oder minder Lernschritten der potentiellen Beute anzunähern und sie entweder erfolgreich zu überwältigen oder aussichtslos ziehen zu lassen.

Diese neue Ausrichtung von Verhaltensweisen und Fähigkeiten ist eine weitere Unterstützung des instinktiven Wissens unserer Stubentiger.

Denn die Bezeichnung »Lernvorgang« meint eben nicht nur das Angewöhnen zusätzlicher Verhaltensweisen, sondern ist hier tatsächlich als Neukombination von erworbenem Wissen durch die Katze zu verstehen.

Jedoch kann eine Katze nur jene Verhaltensweisen neu ausrichten, über deren Existenz und Bedeutung sie sich »im Klaren« ist …

Wodurch wir bei den Fragen noch dem generellen Lernvermögen und der Lernbereitschaft einer Katze sind.

Erkennen Katzen Zusammenhänge?

Viele der von Katzen gezeigten Verhaltensweisen lassen darauf schließen, dass die Tiere ein Verständnis der ursächlichen Zusammenhänge haben.

> [Kater] »Smudge (ein Bengal-Hybrid [Mutter eine Mischung aus Bengalkater und Hauskatze, Vater ein Hauskater]) hatte das mit Sägemehl gefüllte Toilettenkästchen benutzt und war dabei, die vorher ausgescharrte Grube wieder einzuebnen. Seine scharrend ausgreifende Vorderpfote stieß mit dem Handrücken gegen den »Dünenkamm« des aufgeworfenen Sägemehls, und etwas Sägemehl stäubte auf und fächerförmig nach außen.
> Sofort hielt Smudge inne, reckte den Kopf vor und schaute über den Rand des Kistchens. Dann wiederholte er die gleiche Bewegung noch drei-, viermal, wobei er jedesmal absetzte und den Effekt sehr aufmerksam verfolgte. Er schüttelte also nicht etwa die Pfote aus, sondern machte gezielte, deutlich abgesetzte Einzelbewegungen. Dann war er befriedigt und scharrte seine Grube weiter zu.«[5]

Eine Situation, wie sie sicherlich in unzähligen Katzenhaushalten so oder so ähnlich mit wechselnden oder gleichen tierischen Akteuren vorkommt. Meistens nehmen wir die Ereignisse schmunzelnd oder staunend zur Kenntnis und tauschen sie gern unter Gleichgesinnten aus.

Viele der Alltagsgeschichten werden von anderen KatzenhalterInnen bestätigt und bilden infolgedessen Diskussionsgrundlage für Fragen nach der Lernbereitschaft und dem Denkvermögen unserer Samtpfoten.

Der Begriff »Lernen« wird als ein relativ stabiler Vorgang der Veränderung des Denkens, Fühlens und Verhaltens angesehen. Die Bewusstwerdung eigener Empfindungen, Erfahrungen, neu gewonnene Einsichten oder das Verstehen von verarbeiteten Wahrnehmungen stoßen den Lernprozess an. Die Lernfähigkeit ist sowohl für Mensch als auch Tier die Voraussetzung, um sich den Gegebenheiten des Daseins anpassen, darin sinnvoll agieren und sie gegebenenfalls im eigenen Interesse verändern zu können.[6]

---

[5] Paul Leyhausen: Katzen, eine Verhaltenskunde, 5. Auflage, Parey, 1979, Seite 124.

[6] Vgl. https://de.wikipedia.org/wiki/Lernen, Bearbeitungsstand: 06.09.2024, 02:49 Uhr.

Der als »Katzenpapst« bekannt gewordene deutsche Verhaltensbiologe Professor Doktor Paul Leyhausen hat die zuvor geschilderte Verhaltensepisode des Katers in mehrerer Hinsicht als sehr beachtenswert wahrgenommen:

> »Nie zuvor habe ich eine Katze irgend etwas mit der Rückseite der Pfote wegschieben oder -stoßen sehen, und ich kenne keinen Zusammenhang oder Funktionskreis, wo solches angeborenermaßen vorkommt. Das Tier hat einen zufälligen und ganz sicher nicht »beabsichtigten« Bewegungserfolg wahrgenommen, sich dafür interessiert und war fähig, die ihn bewirkende Bewegung zu erkennen und dann mehrmals absichtlich und genau zu wiederholen.
> Das bedeutet nicht mehr und nicht weniger, als daß ein Säugetier von der Entwicklungshöhe einer Katze schon ein echtes Experiment zu machen versteht […]. Das ist nicht einfach »Versuch und Irrtum« […], bei dem der erste Versuch blind und daher die Irrtumswahrscheinlichkeit gleich der Zufallswahrscheinlichkeit ist. Dem ersten »Versuch« geht bereits ein wenn auch noch so beschränktes Verständnis des Zusammenhangs voraus; ...«[7]

Dazu merkte Professor Leyhausen an:

> »Das sind Höchstleistungen des menschlichen Denkvermögens. Und selbstverständlich ist dazu kein Tier imstande. Wo kämen wir denn da hin, wenn wir so etwas annehmen sollten?!
> Halten wir also einfach fest: Dieser ganz bestimmte Mischlingskater hat an einem bestimmten Tag gehandelt wie beschrieben. Und nun sei jemand so freundlich und erklär es mir anders. Es ist ja immer wieder ergötzlich, zu welcher Wortakrobatik und Gehirnverwindung manche Leute fähig sind, wenn sie die Einzigartigkeit des menschlichen Geistes in Gefahr glauben.«[8]

Bestimmt sind Ihnen im Laufe der Zeit mit Ihrer Katze auch schon Situationen begegnet, bei denen der Minitiger, anstatt auf die begehrte Spielangel oder den Federwedel zu achten, auf Ihre Hand am anderen Ende des Stabs geblickt hat.

»Weiß« die Katze folglich, wieso sich das Spielzeug bewegt? Hat sie den Zusammenhang zwischen dem scheinbar eigenständigen Spielzeug und Ihrer Spielbeteiligung »erkannt« beziehungsweise bewusst »verstanden«?

---

[7] Paul Leyhausen: Katzen, eine Verhaltenskunde, 5. Auflage, Parey, 1979, Seite 124.

[8] Mircea Pfleiderer, persönliche Kommunikation, 27.08.2005.

Gegenübergestellt spiegeln sowohl die neuzeitliche Begriffsbestimmung des Lernens als auch die Anmerkung von Professor Leyhausen sehr eindrucksvoll die Fortschritte der vergleichenden Verhaltensforschung und die im Laufe der Jahre gewonnenen ethologischen[9] Erkenntnisse über das tierische Lernen wider.

Denn ist es wirklich unwahrscheinlich, dass auch Tiere, konkreter formuliert: Katzen, zu eben solchem Lernverhalten fähig sind, wie wir es beispielsweise von »hoch entwickelten« Lebewesen wie Rabenvögeln, Meeressäugern oder Primaten (inklusive dem Homo sapiens) kennen?

Überlegungen, denen sich die Verhaltenskunde und -forschung (Verhaltensbiologie) für und mit Tieren seit vielen Jahren mit großer Intensität widmet. Insbesondere, da sich gewissermaßen die Beweise mehren, dass Tiere ein ebenso bewegtes Innenleben wie wir Menschen haben, siehe Seite 18. Weshalb die Disziplin der »Verhaltensforschung des Denkens« davon ausgeht, dass Tiere genau »wissen«, was sie wollen und was nicht.

Lernen auch für Haustiere?

Bei Wildtieren erscheinen meine vorhergehenden Erläuterungen folgerichtig und zweckmäßig. Doch warum sollte das domestizierte und wohlbehütete Lebewesen Katze ebenfalls sein Überleben durch die Fähigkeit des Lernens sichern wollen?

Schließlich lebt das Gros unserer feliden Freundinnen beschützt und umsorgt in der Gemeinschaft mit dem Menschen und wird regelmäßig mit Nahrung, Wasser, Schlafgelegenheiten et cetera versorgt.

Dennoch ist und bleibt jede Katze ein Raubtier, wenn auch verhältnismäßig gezähmt und gebändigt. Und unverändert schlummert die gesamte Entwicklungsgeschichte ihrer Art in jedem Exemplar, vereint mit den Urinstinkten und der individuellen Bereitschaft und Fähigkeit zum Lernen.

---

[9] Ethologie, griechisch: vergleichende Verhaltensforschung (des Verhaltens der Tiere).

Folglich wird auch das Leben unserer Wohnungskatzen von den verschiedensten Lernprozessen begleitet:

Die Prägung

Diese Form des Lernens besitzt einen ganz besonderen Charakter.

Die während der besonders sensiblen Prägungsphase in der jugendlichen Entwicklungszeit der Katze gewonnenen Erkenntnisse und Fähigkeiten sitzen sehr fest im Gedächtnis und werden kaum mehr vergessen.

Aus diesem Grund ist auch die Heranführung und das Vertrautmachen mit Artgenossen, anderen Tieren, dem Menschen und den Herausforderungen des Lebens allgemein so immens wichtig für die weitere individuelle Entwicklungsgeschichte der heranwachsenden Katze, siehe auch Seite 15.

Das Abrichten

Abrichten stellt im klassischen Sinn keinen individuellen Lernprozess dar; vielmehr beugt sich das abgerichtete Lebewesen einem als übergeordnet zu bezeichnenden Willen. Dieses Ergebnis wird zumeist aufgrund des Schemas von »Belohnung und Strafe« erzielt. Einige Hundefreunde halten Katzen für »dumm«, da sie sich sehr konsequent jeglicher Form der »Dressur« verweigern. Und sei die angebotene Leckerei als Belohnung noch so verführerisch. Individueller Hintergrund dafür ist jedoch nicht zwangsläufig die mangelnde Intelligenz der Katze, sondern vielmehr stellt sich dem Tier der Anreiz als »nicht ausreichend« oder gar »uninteressant« dar. Der Verhaltensbiologe Immanuel Birmelin hat Katzen übrigens als sehr unkooperative Forschungsobjekte bezeichnet, da sie nur schwer zum Mitmachen zu motivieren wären. Außerdem seien Katzen »Minimalisten«, die »keinen Pfotenhieb zu viel machen«[10].

---

[10] Vgl. https://www.tierwelt.ch/artikel/haustiere/wie-klug-sind-katzen-wirklich-410186, Seitenaufruf: 20.09.2024.

Die Konditionierung

Anstelle des durch einen Dritten sozusagen aufgezwungenen Willens existiert auch das durch äußere Umstände herbeigeführte Lernen.

Gelingt einer Katze etwa wie zufällig der Fang eines ungewohnten Beutetieres, kann der damit verbundene Erfolg sie veranlassen, das nächste Mal ganz bewusst und gezielt nach einem solchen Beutetier Ausschau zu halten. Zum Beispiel, indem die Katze häufiger jenen Ort aufsucht, an welchem sie das Objekt erbeutete, oder ihre eigene Jagdmethode so modifiziert, dass sie infolgedessen (nach und nach) eine höhere Erfolgsquote erreichen wird.

Diese Form des Lernens wird auch als das »Lernen am Erfolg« bezeichnet. Einen schnelleren und einprägsameren Effekt hat aber zumeist das »Lernen am Misserfolg«, bei welchem das Tier negative Erfahrungen verinnerlicht und somit daraus seine Konsequenzen zieht.

Lernen durch Beobachten und Nachahmen
Eine besondere Leistung ist jener Lernvorgang, bei welchem das eigene Verhalten durch Beobachtung und Nachahmung an die jeweiligen Erfordernisse der Umwelt abgestimmt wird.

> »... [Sie] ordneten eine Reihe von kleinen Drahtkäfigen mit Katzen um einen Vexierkasten[11] an, in dem eine weitere Katze ein neues Problem nach der Methode von Versuch und Irrtum zu meistern lernte.
> Die »Zuschauer« bewältigten anschließend das gleiche Problem wesentlich schneller und zielgerichteter als die Kontrolltiere, die keiner anderen Katze beim Erlernen des Tricks zugesehen hatten.«[12]

Die von Professor Leyhausen geschilderte Versuchsanordnung des tschechischen Verhaltensforschers Teyrovsky veranschaulicht, wie Katzen anderen Katzen eine einfache Handlung praktisch abschauen können.
Und unzählige Katzen nutzen exakt diese Fähigkeit, um sich auch im häuslichen Umfeld Vorteile zu verschaffen.

Schätzungsweise existiert kein Haushalt, in welchem nach Einzug einer weiteren Katze die alteingesessenen Vierbeiner nicht Verhaltensweisen des Neuankömmlings übernommen und in ihren eigenen Tagesrhythmus oder Bewegungsablauf mit integriert hätten.
Darüber hinaus wird die neue Katze die innerhalb des Haushalts eingespielten Abläufe oder Gewohnheiten ihrer neu kennengelernten Artgenossen aufgreifen, »verspricht« sie sich davon einen Vorteil im Erhalt von Nahrung, dem Komfort eines besonders angenehmen Liegeplatzes oder dem Weg durch die Katzenklappe hinaus in den abgesicherten Garten.

---

[11] Kasten für Tieren, um darin Denkrätsel zu lösen.

[12] Paul Leyhausen: Katzen, eine Verhaltenskunde, 5. Auflage, Parey, 1979, Seite 92.

Lernen durch Versuch und Irrtum

Zahllose Geschichten sind bekannt, in denen Katzen durch wiederholtes Beobachten und Imitieren erlernen, was beispielsweise die Türklinke mit dem Öffnen einer Zimmertür zu tun hat und wie sie selbst die Türe durch Erreichen Betätigen der Klinke öffnen können. Diese Form des Lernens und »Experimentierens« geschieht dabei übrigens nach der Methode von »Versuch und Irrtum«.

Dabei scheint es einigen Stubentigern fast »klar« und »logisch« zu sein, wie die Mechanik der Türöffnung vonstatten geht. Sie springen und pfoteln ganz gezielt. Andere Exemplare wiederum springen fast »wie zufällig« nach der Klinke und scheinen »überrascht« vom Resultat. Und mit jedem erneuten Versuch verfeinern sie ihr Ergebnis.

Die Beobachtungsgabe unserer Fellnasen macht übrigens nicht an Türklinken Halt. Schubladen, Schiebetüren, Kisten mit Klappdeckeln, Tretmülleimer und sogar Waschtischarmaturen oder Kühlschranktüren – dutzende Herausforderungen werden mit bewundernswerter Akribie bewältigt. Ratlose KatzenhalterInnen montieren anschließend die Türklinken senkrecht oder »verbarrikadieren« Schranktüren oder Schubladen durch Riegel oder Schlösser. Mal mit mehr, mal mit deutlich weniger Erfolg. Denn die veränderte Lage animiert viele Katzen nur zu angepasstem Verhalten ...

Konsequenzen für die reine Wohnungshaltung

Selbstverständlich sind viele der von mir geschilderten Beispiele Beobachtungen einzelner Personen. Denn nicht jede Katze öffnet willkürlich und mit wachsender Begeisterung sämtliche Türen ihres Lebensumfeldes.

Dessen ungeachtet sollten wir bei unseren Katzen weder den Anteil der instinktiven, noch das Ausmaß der erlernten und damit auch anpassbaren Verhaltensweisen unterschätzen.

Besonders gilt das meiner Meinung nach für das durch eigenständiges Lernen erworbene Wissen und Geschick, welche es im Rahmen der art- und wesensgerechten Haltung Ihrer Wohnungskatzen zu fördern und zu unterstützen gilt:

O Stellen Sie Ihren Katzen Aufgaben und fordern Sie ihre Wissbegierde mit auf sie zugeschnittenen Knobeleien und Denkspielen heraus, welche die Tiere mit Interesse und Freude weiterverfolgen können.

O Laden Sie Ihre Katzen zum Experimentieren, zum Auskundschaften und zum Entdecken ein. Nichts ist für dermaßen intelligente Wesen wie unsere Minitiger unbefriedigender, als in einer reizarmen Umgebung ihr Dasein fristen zu müssen.

Unter Zuhilfenahme der im Handel erhältlichen Intelligenz- und Beschäftigungsspielzeuge der unterschiedlichsten Schwierigkeitsstufen unterstützen und fördern Sie das lebenslange Lernen unserer samtpfotigen Familienmitglieder, siehe Abbildung Seite 29.

Auf dem Weg stellen Sie sicher, dass Ihre Katzen nicht nur körperlich fit, sondern auch geistig jung und aktiv bleiben.

II.III Wie ungesellig sind Katzen wirklich

Sie galt vielen Menschen immer schon als Tier voller Rätsel. Und auch heute noch, allen Forschungen von Ökologen, Ethologen oder Wildtierbiologen zum Trotz, hält sie mit der ihr zugeschriebenen Beharrlichkeit und Geduld an diesem Bild einer geheimnisvoll anmutenden und zumeist unberechenbar erscheinenden Kreatur fest:

die Katze – unter anderem Symbol für Unabhängigkeit, Einzelgängertum und Autarkie.

Doch wie weit ist es tatsächlich her mit dem Klischee der einsam und allein durch die Gegend streifenden Jägerin auf samtenen Sohlen?

Entspricht ihre Lebensweise faktisch der herrschenden Meinung?

Oder ist der Gemeinschaftssinn der Feliden doch stärker ausgeprägt, als landläufig angenommen wird?

Ethologische Grundlagen

Beschäftigt man sich mit den Grundlagen der Ethologie der Katzen, kommt man an einem Pionier dieses Metiers sicherlich nicht vorbei.

Als Verhaltensforscher und großer Katzenkenner ist der bereits im vorangegangenen Kapitel kurz erwähnte Professor Doktor Paul Leyhausen (1916 bis 1998) auch außerhalb der an wissenschaftlichen Forschungen interessierten Szene mit einer der bekannten Vertreter seiner Zunft.

Von Jugend an verbrachte er sein Leben damit, das »Rätsel Katze« zu entschlüsseln, zum Beispiel durch viele Studien rund um das Freilandverhalten und die Ökologie verschiedenster wild lebender Katzenarten.

Dabei galt das Interesse des Professors Katzenarten wie Löwe (Panthera leo), Serval (Leptailurus serval), Gepard (Acinonyx jubatus) und auch der Schwarzfußkatze (Felis nigripes) als weiterer Vertreterin der Großart Felis oder „Altweltwildkatzen" (Felis silvestris im weiteren Sinne).

Außerdem ermöglichten und unterstützten zahlreiche nationale und internationale Zoos und Tierparks seine Forschungsarbeit; ebenso wie das im Jahr 1960 erfolgte Errichten einer eigenen Forschungsstelle als Arbeitsgruppe des Max-Planck-Institutes für Verhaltensphysiologie auf dem Reservegelände des Zoologischen Gartens in Wuppertal.

Diese Forschungsstelle gestattete Professor Leyhausen seinem eigenen Bekunden nach, weitere Katzen- und Schleichkatzenarten unter wesentlich verbesserten Bedingungen halten und untersuchen zu können.

Besonderes Augenmerk bei all seinen Forschungen richtete Professor Leyhausen auf die afrikanische Falbkatze (Felis libyca ssp., Bild unten) als Stammform unserer heutigen Hauskatze (Felis libyca forma catus, Seite 35).

Wie nahezu alle anderen Katzenartigen gelten auch Falbkatzen als relativ ungesellige Reviertiere, die sich einzig und allein zum Zwecke der Paarung zusammenfinden. Selbst die Jungtiere würden von der sich allein um sie kümmernden Mutterkatze vertrieben, sobald sie in der Lage sind, sich selber versorgen zu können.

Und wie ihre wildlebende Verwandte hat auch unsere Hauskatze lange unter diesem Ruf gestanden – und steht es bei zahlreichen Menschen auch heute noch.

Doch aufgrund langjähriger, umfangreicher Forschungen auf diesem Gebiet haben wir mittlerweile einige erstaunliche Formen von freiwilligen Vergesellschaftungen sowohl von Wildkatzen als auch unserer Hauskatzen kennenlernen dürfen.

Die bekanntesten, in Sozialverbänden lebenden Katzenartigen sind sicherlich die Löwen (Panthera leo).

Weniger bekannt ist jedoch, dass auch männliche Geparde (Acinonyx jubatus) sich zu kleineren, sehr fest geschlossenen Gruppen zusammentun, die gemeinsam ihr Revier kontrollieren, ruhen und jagen. Die Anzahl der sich zusammenschließenden Geparde variiert dabei von zwei bis zu fünf Individuen, wobei die Art der Verwandtschaft innerhalb des Zusammenschlusses je nach geographischem Verbreitungsgebiet abweichend sein kann. Im südlichen Afrika ist die Frage der Verwandtschaft sehr untergeordnet, während die Geparde der Serengeti entweder alleine leben oder sich mit Wurfbrüdern zusammentun.

Eine klare Rangordnung existiert nicht, ebenso wenig, wie es ein Führungstier gibt – alle Männchen sind im Wesentlichen gleichberechtigt.

Die fehlende Rangordnung gilt übrigens auch für die Begegnung mit Weibchen. In diesen Fällen bestimmen ausschließlich die weiblichen Tiere, wer sie begatten darf.

Will ein fremder oder jüngerer männlicher Gepard in eine Gruppe aufgenommen werden, so erfolgt das, wenn überhaupt, erst nach schweren und für den aufnahmewilligen Neuling lebensgefährlichen Kämpfen.

Weibliche Geparde hingegen leben ziemlich für sich. Weder schließen sie sich zu Gruppen zusammen, noch tolerieren sie die Anwesenheit anderer Artgenossen in ihrem Revier. Einzige Ausnahme bilden hierbei bereits selbständige junge Geparde, die von der Mutter im Revier geduldet werden, wenn der nächste Wurf bereits da ist.

Derartige Fälle von solitär lebenden Weibchen und sich gesellig organisierenden Männchen ist unter Säugetieren ziemlich einzigartig, auch wenn ähnliche »Bruderschaften« von Hauskatzen dank Professor Leyhausen bekannt geworden sind. Allerdings sind diese Katerverbände hierarchisch aufgebaut und viel unverbindlicher.

Alles basiert auf Freiwilligkeit

Und so galten alle Feliden, ob wild lebend oder domestiziert, bis vor Einsetzen der intensiveren Verhaltensforschung als Einsiedlernaturen, die jedem Kontakt mit Artgenossen grundsätzlich ablehnend gegenüberstehen.

Allerdings zeigte sich unter anderem anhand der Freilandbeobachtungen und Forschungsergebnisse von Professor Leyhausen, dass die meisten Katzenartigen trotz ihrer gewollt solitären Lebensweise insgesamt über ein reiches Sozialleben verfügen.

Jedoch verlaufen die sozialen Kontakte zwischen den ausgeprägten Katzencharakteren mit ihren sehr individuellen Neigungen in der Praxis nicht immer reibungslos und unproblematisch.

Woraus sich erklärt, dass Katzenartige trotz ihrer vielfältigen verwandtschaftlichen Beziehungen phylogenetischer[13] Art nicht automatisch jeden potentiellen Partner als solchen annehmen, nur weil er zufällig derselben Gattung angehört.

Professor Leyhausen erläuterte dazu:

> »Die einzelne, erwachsene Katze »möchte« also [...] eigentlich gerne mit anderen Katzen freundlich sein; sie befindet sich ihnen gegenüber aber in einer ähnlichen Stimmungslage wie ein eigenbrötlerischer Mensch, der alle anderen vor den Kopf stößt und auf die Frage, warum er eigentlich keinen Freund habe, erstaunt antwortet: ›Ich möchte ja furchtbar gerne, aber die anderen sind doch alle so ekelhaft!‹«[14]

An dieser Stelle schließt sich der Kreis, da die Hintergründe für das von mir eingangs erwähnte, unberechenbar erscheinende Naturell unserer Katzen offensichtlich werden.

[13] Phylogenese, griechisch: stammesgeschichtliche Entwicklung (einer Art).

[14] Paul Leyhausen: Katzen, eine Verhaltenskunde, 5. Auflage, Parey, 1979, Seite 208.

Die Bedeutung für unser Haustier und den gemeinsamen Alltag

Meiner praktischen Erfahrung als Katzen-Verhaltensberaterin nach ist die Herausforderung hoch, jeder Katze unter Berücksichtigung ihres komplexen Soziallebens eine ihr individuell gerecht werdende Vergesellschaftung zu ermöglichen.

Das gilt auch und besonders im Hinblick auf die von Ihnen eventuell favorisierten Katzenrassen und deren rassetypischen Eigenschaften.

Viele Verhaltensauffälligkeiten oder unlösbar erscheinende Konflikte innerhalb einer Katzengruppe oder eines Haushalts nehmen im Zusammenhang mit einer ungeeigneten Katzenauswahl ihren Anfang.

Jeder Person, die (mehr als) eine Katze im eigenen Zuhause aufnehmen will, lege ich infolgedessen eine sorgfältige Planung dringend ans Herz. Umso mehr, als selbst die gewissenhafteste Umsicht den oder die KatzenfreundIn nicht vor dem Risiko bewahren wird, mit der Entscheidung Schiffbruch zu erleiden.

Denn gleichgültig, was wir Menschen beschlossen haben mögen –
ob sich die Katze auch an die von uns erstellten Spielregeln hält, bleibt einzig und allein ihrem guten Willen oder viel mehr ihrer Bereitschaft zur sozialen Zusammenarbeit überlassen.

Sinnloses Unterfangen?

»Nun ja«, könnten Sie jetzt argumentieren, »wenn mein Stubentiger als praktizierender Einzelgänger sowieso nicht zwangsläufig eine andere Katze in seinem Umfeld akzeptieren wird, was soll ich ihm und mir denn dann überhaupt den Stress und die Aufregung zumuten, eine weitere Katze anzuschaffen, um beide Tiere miteinander zu vergesellschaften.«

Theoretisch haben Sie recht, wäre da nicht noch ein klitzekleiner, aber entscheidender Faktor zu berücksichtigen:

Zugegebenermaßen ist der Mensch für unsere Haus-, genauer gesagt Wohnungskatzen, ein quasi »interaktiver Sozialpartner«. Trotzdem sind wir als artfremde Lebewesen nicht in der Lage, alle Sozialbereiche wie erforderlich abzudecken. Ungeachtet, wie froh und glücklich manche von Katzen begeisterte Person auch über die zeitweise sehr innig zu nennende Anhänglichkeit »ihrer« Katze sein mag, kommt es fast zwangsläufig vor, dass wir Menschen als deren einzige Gesellschaft und beinahe wichtigster Lebensinhalt schlichtweg überfordert sind.

Denn weder sind wir aufgrund beruflicher oder familiärer Umstände in der Lage, uns den ganzen Tag ausschließlich um »unsere« Samtpfote zu kümmern, noch sind wir oftmals räumlich imstande, ihr alle Genüsse und Zerstreuungen eines freien Auslaufs anzubieten (unter anderem auch, weil wir sie vor den damit potentiell verbundenen Gefahren schützen möchten).

Somit wird für eine behütet lebende Wohnungskatze die Mit-Katze die einzig sich bietende Möglichkeit sein, mit einem Kameraden, Sozialpartner, Kontrahenten et cetera perspektivisch in Verbindung zu stehen. Daraus resultierend bietet ihr auch nur eine Mit-Katze das Erleben der eigenen naturgegebenen Identität als Katze, einschließlich der bereits im Kapitel I beschriebenen Erfahrungen des »Ich« und des »Du«.

Aus all diesen Überlegungen heraus hat es schon etwas für sich, insbesondere Katzen in reiner Wohnungshaltung in Zweierkombination zu vergesellschaften – immer vorausgesetzt, die Tiere harmonieren miteinander. Bekanntermaßen verläuft in Gesellschaft mit ihresgleichen der Alltag einer Katze in der wahrscheinlich tagsüber weniger frequentierten Wohnung sehr viel abwechslungsreicher und somit entspannter und artgerechter.

Beide Tiere werden sich miteinander beschäftigen und durch gemeinsame Spiele, Ruhezeiten oder gegenseitige Fellpflege die Wartezeit bis zur Heimkehr »ihres« Menschen verkürzen.

Als Weiteres gesellt sich die Tatsache hinzu, dass einige Tiere in Gesellschaft einer Mit-Katze zumeist weniger heikel sind und beispielsweise das ihnen angebotene Futter mit größerem Zuspruch aufnehmen. Freilich ist der unter Hundeartigen eher bekannte Futterneid bei Katzen weniger ausgeprägt, dennoch kann unter Umständen die Gesellschaft am Futterplatz den Appetit anregen und was der einen Samtpfote nicht schmecken will, regt ihren Gefährten vielleicht zum Fressen an und umgekehrt. Schließlich schmeckt es uns Menschen auch in Gesellschaft wesentlich besser und wir greifen dann gerne noch ein weiteres Mal zu.

Und gibt es schlussendlich für uns KatzenfreundInnen nichts Schöneres, als passend vergesellschaftete Fellnasen im sozialen Kontakt miteinander zu erleben?

»Und trotzdem steckt der wilde Tiger drinnen.«

Im Interview[15] mit der Zoologin Doktor Pfleiderer hatte ich die Gelegenheit, unter anderem die Bedeutung ihrer Freilanduntersuchungen, also den Verhaltensforschungen an frei und unbeschränkt lebenden Felidenarten in der Karoo (Südafrika), anzusprechen:

Frage A. Demandt: »In welcher Verbindung steht Ihre Forschungsarbeit mit unseren Stubentigern daheim? Unterscheiden sich die Lebensbedingungen zwischen Falbkatze und Hauskatze nicht zu sehr, um vom Verhalten der einen Rückschlüsse auf das Benehmen der anderen ziehen zu können?«

Antwort Doktor M. Pfleiderer: »Es hat gerade über die Falbkatze das eine sehr viel mit dem anderen zu tun, wobei auch die anderen Katzenarten mit hineinspielen. Ich gehe zum Ursprung zurück, weil dort die Verhaltensweisen am unverfälschtesten zutage treten. Eben weil wir bei der ganz wilden Stammform das ursprüngliche Verhalten zu sehen bekommen, vom Menschen und auch von der Domestikation gänzlich unbeeinflusst.

Somit sind viele Verhaltensweisen von Katzen erkennbar, die auf den Menschen bezogen sind, und es erklärt sich, woher sie eigentlich kommen. Die Entstehungsgeschichte mancher »Macke« wird leichter nachvollziehbar.

Insofern ist die Falbkatze, ganz abgesehen davon, dass sie selber eine faszinierende Katze ist, eben im Vergleich mit und als Ursprung der Hauskatze sehr interessant, um das Verhalten der Tiere besser erklären zu können.

Es ist ganz wichtig zu wissen, warum eine Katze etwas macht, was wir nicht verstehen, und plötzlich verstehen wir es und alles ist ganz einfach.

Besonders, wollen wir auf »kätzisch« mit unseren Tieren kommunizieren. Das mache ich auch sehr gerne, weil es mit den Wildtieren funktioniert. Und wenn es mit dem Wildtier funktioniert, funktioniert es mit der Hauskatze erst recht.«

---

[15] Mircea Pfleiderer, Interview für »Katzen extra«, Heft 12/2005.

III.
Katzen, die ängstlich sind

III.I Auf Nimmerwiedersehen!

Unser Alltag ist angefüllt mit vertrauten Erlebnissen und neuen, unerwarteten Eindrücken. Im Laufe unseres Heranwachsens haben wir als Menschen gelernt, zwischen harmlosen und bedrohlichen Vorkommnissen zu unterscheiden und folgerichtig zu handeln beziehungsweise zu reagieren.

Auch im Leben unserer Stubentiger gibt es solche Lernprozesse. Mit dem Erwachsenwerden und zunehmender Kenntnis der auf sie einwirkenden Umweltreize wird die junge Katze lernen, mit neuen Erfahrungen umgehen zu können, siehe auch Kapitel II über das Katzenverhalten.
Dieser sogenannte Entwicklungsprozess lässt unsere Stubentiger zu erfahrenen und lebenstüchtigen Katzen werden, die gut vorbereitet und trainiert die Welt überblicken, trotzdem aber niemals eine gewisse, ihnen anhaftende Vorsicht gegenüber beunruhigenden Situationen verlieren.

Hat eine Katze diese Art von Sachverstand erst einmal erworben, wird sich ihre Kompetenz im Laufe ihres Lebens aufgrund der regelmäßig stattfindenden Auseinandersetzungen mit allen Arten von Herausforderungen verstärken.
Darauf aufbauend werden sich schlussendlich viele Katzen zu selbstsicheren, gelassenen und anpassungsfähigen Familienmitgliedern entwickeln.

Vorsicht — ein lebensnotwendiger Prozess

Aber warum ist die Auseinandersetzung mit einer unbekannten Situation für unsere Katzen so immens wichtig?

Alle Feliden sind Raubtiere, welche sich durch Beutefang ernähren. Aus diesem Grund ist es für die Katze überlebenswichtig, ihr Territorium durch und durch zu kennen. Jeder Strauch, jeder Baum, jede Höhle sind feste Bestandteile des Reviers, die kontrolliert und auf Veränderungen hin überprüft werden.

Ein absolut notwendiges Unterfangen, das in einem regelmäßigen Turnus durchgeführt wird. Würde die felide Revierinhaberin das beispielsweise aus Nachlässigkeit oder falsch verstandenem Sicherheitsgefühl heraus unterlassen, bestünde die potentielle Gefahr, eine sicherheitsbedrohende Veränderung im eigenen Territorium nicht rechtzeitig zu bemerken. Dabei denke ich etwa an das Eindringen eines körperlich überlegenen Artgenossens oder besser gesagt Rivalen. Die Chance, beizeiten entsprechend zu reagieren, wäre womöglich vertan, das Revier und damit die Lebensgrundlage der Katze bedroht und eventuell verloren. Auch das Überleben der eigenen Nachkommen kann durch derartige Unaufmerksamkeiten gefährdet werden.

Situationsgerechte Vorsicht oder auch ängstliches Verhalten ist also ein naturgegebener Instinkt, der dem Raubtier Katze hilft, das eigene Überleben zu sichern. Dieser lebensrettender Urinstinkt schlummert auch noch in unseren domestizierten Wohnungstieren. Weshalb es auch für Ihre Katze vermeintlich überlebenssichernd ist, alles Neue sorgfältig zu überprüfen und als hoffentlich gefahrlos zu erkennen.

Dabei spielt es aus Sicht des Pelzköpfchens keine Rolle, ob es sich um die mit Lebensmitteln angefüllten Einkaufskörbe, die Truhe mit der Schmutzwäsche oder die mit leeren Kartons und Kartonagen vollgestellte Vorratskammer handelt.

In der eigenen Furcht gefangen

Im Fall der ängstlichen Katze überwiegt demzufolge der lebensrettende Instinkt zum Schutz des »Ich« gegenüber einem selbstbewussten Kennenlernen des unbekannten »Du«, siehe auch Kapitel II.I über das kätzische Lernverhalten.

Bedauerlicherweise wird durch die geringe Angstschwelle solcher Katzen und der von ihnen gewählten Vermeidungsstrategie des Versteckens oder der Flucht ein Teufelskreis in Gang gesetzt.

Schließlich vergibt die Mieze dadurch jegliche Chance, aus Erfahrungen zu lernen oder durch die Bewältigung kleinerer Herausforderungen Selbstsicherheit und Tatkraft für zukünftige Begegnungen zu schöpfen. Stattdessen wird das Leben für die Katze immer mehr zur Qual.

Woraufhin eine weitere belastende Spirale in Gang gesetzt wird. Schließlich leidet der oder die besorgte KatzenhalterIn gleichfalls, ist die Katze ausgesprochen ängstlich und verlegt ab einem bestimmten Zeitpunkt den Lebensmittelpunkt unter die Anrichte, anstatt mit den anderen Katzen gemeinsam auf dem Balkon die wärmenden Sonnenstrahlen zu genießen.

Um der Katze nun aus diesem, für den Menschen so unverständlichen Verhalten herauszuhelfen – schließlich ist es doch »nur« der Paketdienst – gehen KatzenhalterInnen dazu über, ihre ängstliche Katze mit Worten zu trösten, sie auf den Arm zu nehmen und mit ihr zu schmusen.

Auf diesem Weg wollen sie mit ihren eigenen Mitteln dem verstörten Tier klarmachen, dass es doch gar keine Angst zu haben brauche und sein Zuhause ein freundlicher, sicherer Ort ist.

Jedoch steht in einer derartigen Situation einem Stubentiger nicht der Sinn nach Zuwendung und Schmuseeinheiten. Schließlich ist alles in ihm auf Panik und Entkommen ausgerichtet.

Furcht — wie und warum?

Doch was ist Angst letztlich und aufgrund von welchen Auslösern reagieren unsere Katzen furchtsam und nervös?

Eine besonders wichtige Rolle in diesem Zusammenhang spielt meiner Erfahrung nach die Ihnen bereits im Kapitel II.I vorgestellte Prägungs- und Sozialisationsphase im Leben einer jeden Katze.

Und so erklärt sich, warum die eine Katze möglicherweise ein mehr oder minder starkes Angstproblem entwickelt und eine andere Katze in derselben oder einer ähnlichen Situation eben nicht.

Denn Katzen unterscheiden sich oft ganz erheblich in ihrer Bereitschaft, auf von außen kommende Geschehnisse zu reagieren. Beispielsweise können sie sich trotz unangenehmer Ereignisse in ihrer Umwelt unkompliziert und tolerant benehmen, ohne zwangsläufig ein Angstproblem zu entwickeln. Bei anderen Katzen wiederum tritt das unterschwellig vorhandene Angstproblem sehr viel rascher zutage. Im Zusammenhang mit ängstlichem Verhalten spielt die genetische Veranlagung von Fall zu Fall eine wichtige Rolle und lässt individuelle Unterschiede hervortreten. Damit meine ich beispielsweise Wurfgeschwister, welche sich ähnelnde Persönlichkeitsmerkmale entwickeln, obwohl sie in einem abweichenden Lebensumfeld aufwachsen. Das andere, oft herangezogene Beispiel sind die sich individuell stark voneinander unterscheidenden Feliden, obwohl alle Tiere in einem übereinstimmenden sozialen Umfeld herangewachsen sind.

Signale mittels Körpersprache

Am jeweiligen Körperausdruck ist für Außenstehende leicht zu erkennen, dass eine Katze Angst hat: die Ohren sind angelegt, die Pupillen geweitet. Das Tier kauert währenddessen mit eng an den Körper herangezogenen Beinen und eingezogenem Kopf da, spuckt und faucht das ihm furchteinflößende Gegenüber an.

Wobei der Adressat des sich so zeigenden, ängstlichen Verhaltens dann eben auch ein Artgenosse sein kann. Die ängstliche Katze wird anschließend ihr Heil in der Flucht an einen schützenden Ort suchen wollen. Erfahrungsgemäß wird das verängstigte Tier ausschließlich in jenen Situationen angreifen, in denen es sich durch sein Gegenüber scheinbar aussichtslos in die Enge getrieben, bedroht oder angegriffen fühlt.

Eine Frage der Individualdistanz
Ein weiterer Antrieb für furchtsames Verhalten ist der Umstand, wie nahe das angstauslösende Subjekt an die Katze herankommt.

Kriterium hierbei ist die sogenannte Individualdistanz, vielmehr die Unterschreitung derselben.

Unter der Bezeichnung der individuellen Distanz versteht die Verhaltenskunde die räumliche Entfernung, auf welche Individuen sich einander maximal annähern. Das Unterschreiten dieser Entfernung kann entweder zu Aggressionen oder zur Flucht eines der Beteiligten führen.

Die Individualdistanz selbst ist oft artspezifisch, kann aber durchaus schwankend sein. Ursachen dafür sind unter anderem die jeweilige Jahres- oder Tageszeit. Auch Umstände wie die Begegnung zwischen solitären oder verpaarten, männlichen und weiblichen Tieren oder das Aufeinandertreffen von bereits erwachsenen Tieren mit Jungtieren bieten Anlässe für schwankende oder wechselnde Anforderungen an die zu wahrende Distanz untereinander.

Einzig Situationen, in denen ein Körperkontakt und die damit verbundene direkte Berührung zwingend notwenig ist, lassen die sonst vorhandene Individualdistanz (zeitweise) in den Hintergrund treten. Anschauliche Beispiele für solche Konstellationen sind sicherlich die Futterübergabe bei verschiedenen brutpflegenden Tierarten oder der Fortpflanzungsakt.

III.II Was alles Furcht auslösen kann

Ängstliches oder auch furchtsames Verhalten ist unter unseren Stubentigern weiter verbreitet als landläufig angenommen wird.

Denn es betrifft auch jene Samtpfote, die augenscheinlich nach Einschätzung ihrer KatzenhalterInnen gut sozialisiert und mit den Anforderungen des Alltags wohlvertraut sind.

Gäbe es da nicht einen oder mehrere Umweltreize, vor denen sich diese Fellnasen unübersehbar fürchten. Und auf die sie mit Flucht, Ausweichen, Vermeidung oder sogar Abwehrverhalten reagieren.

Zu den häufigsten Auslösern gehören:

Die Mit-Katze

Die Furcht vor anderen Katzen oder genauer gesagt den Mit-Katzen des Haushalts hat unterschiedliche Ausgangspunkte.

Beispielsweise neigen von Natur aus eher zurückhaltende und scheue Katzen stärker zu angstvollen Reaktionen. Und entwickeln dabei auch leichter eine angstbedingte Aggression.

Dies gilt besonders, ist die zutage tretende Furcht Ausdruck eines Mangels an Früherfahrungen im Umgang mit Artgenossen.

Ebenfalls muss der fehlende oder auch negativ im Gedächtnis verbliebene Sozialkontakt mit anderen Katzen in einem vorhergehenden Lebensabschnitt berücksichtigt werden.

Desgleichen spielen »Missverständnisse« eine Rolle als furchtauslösende Faktoren.

In einem gern geschilderten Beispiel aus dem Alltag sitzt ein Stubentiger friedlich auf der Fensterbank und döst ein wenig vor sich hin. Springt dann völlig überraschend die Mit-Katze des Haushalts neben ihn auf die Fensterbank, kann diese, für den bis jetzt entspannt dasitzenden Stubentiger unerwartete Annäherung Furcht (und daraus resultierend angstbedingte Aggression) hervorrufen.

Ebenfalls bringt soziales Verhalten der Samtpfoten untereinander Furcht hervor, die sich negativ entlädt.

Ein typische Situation ist der Mehrkatzen-Haushalt mit Tieren unterschiedlichen Alters und Temperaments. Die mit Annäherung verbundenen Spielaufforderungen jüngerer, agilerer Katzen wird von den älteren, eher ruhigeren Katzen nicht immer toleriert.

In manchen Fällen fühlen sich die älteren Tiere belästigt, reagieren jedoch friedlich und ziehen sich lieber zurück, als sich aggressiv zu wehren.

Die freundliche oder verspielte Katze wird sich der Mit-Katze trotz der regelmäßigen Zurückweisung weiterhin unbeirrt nähern und vielleicht werden ihr die daraus entstehenden Verfolgungsspiele sogar Freude bereiten.

Das Hauptproblem ist hierbei sicherlich die niedrige Lebensqualität der eher ängstlich-nervösen Katze, die einen großen Teil ihres Tages damit verbringt, Zusammentreffen zu vermeiden, wegzulaufen und sich aus Angst zu verstecken.

Und auch die freundlich-verspielte Katze wird nach und nach ihre optimistische Grundstimmung aufgrund des für sie unerklärlichen Benehmens ihrer Artgenossin verlieren.

Ob diese Situation für die beteiligten Samtpfoten auf Dauer als makellos anzusehen ist, bleibt freilich dahingestellt. Denn der Nährboden für Probleme, Nickeligkeiten und Streitereien ist bereitet.

Wie reagieren?

○ Zwingen Sie die Katzen nicht gegen deren Willen zu einer Kontaktaufnahme. Auch nicht in Ihrem Beisein.

○ Die fauchende oder knurrende Katze ist nicht zwangsläufig das aggressivere Tier. Bitte sehen Sie in dem Zusammenhang von Strafen ab.

○ Versuchen Sie niemals, zwei streitende Katzen zusammenzubringen, damit diese das Problem »unter sich« ausmachen.
Sehr häufig führt das zu einer Eskalation der Situation anstatt die Spirale aus gegenseitiger Furcht und Aggression, wie gewünscht, zu durchbrechen.

○ Halten Sie in besonders gravierenden Fällen beide Katzen getrennt in verschiedenen Zimmern und zwar möglichst so lange, bis beide Tiere die Anwesenheit der jeweils anderen Katze ohne erkennbare Verhaltensänderung akzeptiert. Die Räume sind dabei mit allem ausgestattet, was das Katzenwohl während des vorübergehenden Aufenthalts benötigt.

○ Verschließen Sie beispielsweise die Türdurchgänge sicher durch ein stabiles Netz. Sicht- und Geruchskontakt sind so gewährleistet, die Gefahr einer körperlichen Attacke wird jedoch minimiert, da jede Katze sich in den rückwärtigen Teil des eigenen Zimmers zurückziehen kann.

○ Gestatten Sie erst dann näheren Kontakt zueinander, wenn beide Katzen sich über einen länger anhaltenden Zeitraum hinweg friedlich durch das Netz begegnen.

○ Bitte denken Sie bei dieser Art der nur vorübergehenden Haltung daran, mit jeder Katze ausreichend Zeit in Form von Spiel- und Schmusestunden zu verbringen.

○ Stärken und unterstützen Sie die im innerartlichen Konflikt unterlegene und furchtsame Katze durch ihre sozialen Zuwendung.

Der Mensch

Hat eine fremde Person das Haus betreten, versteckt sich die Katze und bleibt so lange in ihrem Schlupfwinkel, bis der oder die Unbekannte das Haus wieder verlassen hat. Ein Verhalten, das HalterInnen lediglich als ein charakteristisches Persönlichkeitsmerkmal ihrer Katze betrachten, und daher nicht als Belastung (für die Katze) werten.

Im Gegensatz stellt die Furcht der Katze vor einem bestimmten Familienmitglied ein weitaus größeres Problem für die gefürchtete Person, den Rest der Familie und letzten Endes für die Katze selbst dar.
Zum einen, da die gefürchtete Person durch das Verhalten der Katze ein schlechtes Gefühl vermittelt bekommt.
Andererseits kann deren Verhaltensweise auch eine Belastung für die anderen Familienmitglieder sein. Dies gilt besonders in den Fällen, werden innerhalb der Familie und der Haushaltsführung harmonische Beziehungen vorgezogen und Streitgespräche möglichst vermieden. Oft wirken sich dann ernsthafte Störungen des Beziehungsgeflechtes negativ auf das Einvernehmen in der gesamten Menschengruppe aus.
Selbiges gilt für die betroffene Samtpfote, da das ständige Zusammenleben mit einer furchtauslösenden Person mit Sicherheit auch für sie eine ständige Quelle der Anspannung ist und infolgedessen fast zwangsläufig auch ihre Lebensqualität stark beeinträchtigt wird.

Darüber hinaus habe ich im Rahmen meiner Haltungsberatung zahlreiche Katzen kennengelernt, die generell Furcht vor Menschen eines bestimmten Geschlechts oder einer bestimmten Altersgruppe zeigten.

Wie reagieren?

○ Fürchtet sich Ihr Stubentiger grundsätzlich vor unbekannten Menschen? Dann ermöglichen Sie Ihrer Katze den Rückzug in ein Versteck ihrer Wahl.

○ Vermeiden Sie es anschließend unbedingt, das Tier aus seinem gewählten Schlupfwinkel hervorzuholen und trotzdem der wartenden Besucherschar zu präsentieren.
Wirkliche KatzenfreundInnen akzeptieren das.

○ Erzwingen Sie oder die fremde Person zu keiner Zeit den Kontakt zu und mit Ihrer Katze. So schwer es Ihnen auch fallen mag, warten Sie bitte, bis das Tier von sich aus Kontakt aufnimmt.

○ Allein das gefürchtete Familienmitglied ist ab sofort für die positiv besetzten Aktivitäten wie Spielen, Schmusen, Füttern, Leckereien et cetera zuständig.

○ Bewegen Sie sich in der unmittelbaren Nähe zu einer furchtsamen Katze möglichst ruhig. Vermeiden Sie überhastete Bewegungen.

Unerwartete Geräuschkulisse

Auch das plötzliche Auftreten von lauten, unangenehmen Geräuschen ist ein möglicher Verursacher für ängstliches Verhalten. Dazu gehören neben dem Schrillen der Türklingel auch die Motorengeräusche von Küchenmaschinen und Heimwerkergeräten aller Art.

Üblicherweise werden insbesondere die Gerätschaften nachvollziehbar durch einen Menschen bedient. In den meisten Fällen verbindet die Katze jedoch ihre Furcht mit dem Objekt, also dem Staubsauger oder dem Föhn, und nicht mit dem es betätigenden Menschen.

Die derart furchtsame Samtpfote wird also mit großer Wahrscheinlichkeit einen angemessenen Sicherheitsabstand zu dem lärmenden, saugenden oder luftausstoßenden Ungetüm einhalten, sich ihrem Menschen gegenüber aber weiterhin freundlich und zugänglich zeigen.

Hat sich die Katze allerdings dazu durchgerungen, sicherheitshalber doch »Fersengeld« zu geben, sehen die HalterInnen häufig nur noch einen hurtig vorbeisausenden Schatten, endend in einem mehr oder minder buschig gesträubten Schwanz, der sogenannten »Flaschenbürste«, welcher blitzartig in einem sicheren Versteck verschwindet und auch lange Zeit nach Verstummen des Getöses nicht mehr zu erblicken ist.

In dem Zusammenhang ist es erwähnenswert, dass mehrheitlich von selbst kein Gewöhnungseffekt eintritt.

Ein Abbau der Furcht mit einhergehender Gewöhnung an das angsterregende und als unangenehm empfundene Geräusch sollte daher ausschließlich unter fachkundig angeleitetem Zusammenwirken zwischen Mensch und Sofalöwe erfolgen, etwa durch systematische Desensibilisierung – wenn überhaupt.

Wie reagieren?

O Setzen Sie Ihre Katze möglichst keinen Situationen oder Herausforderungen aus, die bei Ihrer Samtpfote große Angst und Schrecken hervorrufen.

O Versuchen Sie, Ihre Katze langsam und behutsam an das angstauslösende Geräusch oder Objekt zu gewöhnen und ihr die Furcht zu nehmen.

Das erreichen Sie bei einer vor dem Geräusch der Türklingel erschreckenden Katze beispielsweise, indem eine Person an der Türe klingelt, während Sie Ihren Stubentiger füttern.

O Silvesterfeiern und das damit einhergehende Feuerwerk stellen für viele Katzen eine enorme Belastung dar. Unterstützen Sie Ihre Tiere, indem Sie sie rechtzeitig in den Schutz der Wohnung oder des Hauses holen und ihnen den Freigang bis zum Mittag des Neujahrstages verwehren. Für besonders furchtsame Naturen gilt es, eine sichere Rückzugsmöglichkeit zur Verfügung zu stellen – und sei es der Kleiderschrank.

Die rechtzeitige Gabe einer Bachblütenmischung wie der sogenannten »Notfallmischung« kann hier helfend ausgleichen.

O Gleiches gilt für Naturereignisse wie Sturm, Hagel oder Gewitter.

III.III *Die individuelle Ausprägung der Furcht*

Die Furcht unserer Katzen unterscheidet sich in ihrer jeweiligen Ausprägung. Angelehnt an »Diagnostischer und statistischer Leitfaden psychischer Störungen« (DSM-5-TR, März 2022) stelle ich Ihnen nachfolgend die entsprechenden Kategorien und Symptome vor:

Einfache Furcht
Die Katze reagiert sofort auf einen für sie furchtauslösenden, tatsächlich aber harmlosen Sinnesreiz. Daher vermeidet sie entweder alle belastenden Umstände oder erträgt die unausweichliche Situation wie gelähmt.

Vielfache Furcht
Die Katze reagiert auf mehrere, für sie furchtauslösende Sinnesreize, die sowohl einzeln als auch in Kombination faktisch ungefährlich sind.
Auch hier versucht das Tier, möglichst alle belastenden Situationen zu meiden. Je nach Anzahl der angstauslösenden Reize ist das nur schwer bis gar nicht möglich. Weshalb die Katze die Umstände starr vor Angst einfach nur über sich ergehen lässt.
▷ Die Gefahr einer Ausweitung hin zur Angststörung ist gegeben!

Generelle Angststörung
Die Katze zeigt allgemeine Anzeichen von übermäßiger Furcht, ohne das dafür ein oder mehrere furchtauslösende Sinnesreize erforderlich sind.
Dauerndes Beobachten, Aufschrecken, Überanhänglichkeit, Unruhe, Misstrauen, gesteigertes Harnmarkieren oder auch verändertes Fress- und Schlafverhalten sind im Zusammenspiel nur einige der typischen Verhaltensweisen einer in ihrer grenzenlosen Angst gefangenen Katze.

Wann Rat von einem Profi für Katzenverhalten?

Furchtsames, auch als ängstlich, scheu oder nervös bezeichnetes Verhalten ist bei Katzen häufig zu beobachtenden. Womöglich aus diesem Grund betrachten zahlreiche HalterInnen es als katzentypisch, damit »normal« und konsequenterweise als nicht behandlungswürdig.

Wobei, ist das tatsächlich ein »normales« Leben, ständig schreckensstarr zu verharren, mit weit aufgerissenen Augen auf Geräusche oder Geschehen zu achten, die Notdurft unter sich zu lassen und inständig darauf zu hoffen, von der vermeintlichen Bedrohung nicht bemerkt zu werden?

Daher sollte vor allem bei generalisierten Angststörungen, aber auch bei stark ausgeprägter, multipler Furcht, erfahrenes und seriös arbeitendes Fachpersonal mit fundierten Kenntnissen der Katzen-Verhaltenskunde um individuellen Rat befragt werden.
Dessen Fachwissen und das Einschätzen der gezeigten Verhaltensweisen vermag zurück zu den Auslösern der Angst zu führen.
Auf diese Weise werden Lösungswege zur Unterstützung der betroffenen Katze aufgezeigt, um die Spirale der Furcht zu durchbrechen.

Wichtige Hinweise für Sie

Einen Grundsatz sollten Sie als HalterIn einer furchtsamen Katze bitte niemals außer Acht lassen:

❋ Furchtsame Katzen sind immer potenziell gefährlich.

Davon sind sowohl die im Haushalt lebenden Artgenossen, Sie als HalterIn als auch Personen oder Tiere außerhalb Ihres Haushalts betroffen.

Die Gefahr ergibt sich aus der Unberechenbarkeit des feliden Verhaltens, da die Furcht einer in die Enge getriebenen Katze augenblicklich in Verzweiflung und damit urplötzlich in extreme Abwehraggressionen umschlagen kann.

In einer derartigen Stresssituation und der damit einhergehenden außerordentlichen physischen und psychischen Belastung ist es dem Tier unmöglich, zwischen »Freund« und »Feind« zu unterscheiden.

Sein Sie dementsprechend bitte außerordentlich vorsichtig bei Ihrer Kontaktaufnahme mit einer furchtsamen Katze; selbst wenn es sich bei dem Minitiger um ein Tier handelt, zu welchem Sie seit Jahren ein vertrauensvolles Verhältnis haben.

* Stellen Sie im Zweifel Ihre Katze immer dem tiermedizinischen oder -therapeutischen Fachpersonal Ihres Vertrauens vor. So kann er/sie gesundheitliche Ursachen des furchtsamen Verhaltens ausschließen oder bei Bedarf veterinärmedizinisch behandeln.

IV.
Katzen, die aggressiv sind

IV.I Hau bloß ab!

Streit, Auseinandersetzungen und Konflikte scheinen das Leben einiger Katzen grundlegend zu bestimmen; scheinbar nach dem Motto »lieber haue ich dich zuerst, bevor du mir etwas antun kannst«.

Die Auslöser und auch der Grad der gezeigten Aggressionen sind vielfältig und variieren von Katze zu Katze.

Und so sind aggressive Minitiger ein häufig vorkommendes Phänomen im innerartlichen Zusammenleben unserer Wohnungskatzen.

Aber warum ist das so? Sind diese Katzen einfach von ihrem Naturell her angriffslustig? Oder steckt hinter deren Verhalten grundsätzlich eine biologische, arterhaltende Notwendigkeit? Welche allerdings von Katze zu Katze unterschiedlich ausgelebt wird?

Um also die Motive des aggressiven Auftretens einer Katze ihren Artgenossen gegenüber besser nachvollziehen zu können, stelle ich Ihnen in diesem Kapitel sowohl die biologischen Grundlagen als auch die einzelnen Formen von aggressivem Verhalten der Tiere vor.

IV.II Ein Leben auf Konfrontationskurs

Was ist Aggression eigentlich?

Bei dem auch Aggressionsverhalten oder aggressives Verhalten genann-
ten Benehmen unserer Miezen handelt es sich vom tierpsychologischen
Standpunkt aus um eine Art Sammelbegriff für alle Komponenten rund um
das Angriffs-, Verteidigungs- und Drohverhalten.

Dabei wird unterschieden, ob es sich um Auseinandersetzungen zwischen
Artgenossen (also Katzen untereinander) oder zwischen Angehörigen
verschiedener Arten (beispielsweise Katze und Hund oder Katze und
Mensch) handelt.

Eine möglicherweise biologische Bedeutung der Aggressionen zwischen
Artgenossen wird in Fachkreisen häufig diskutiert.

In erster Linie wird gegebenenfalls durch diese sogenannte innerartliche
Aggression gewährleistet, dass sich die Angehörigen einer Art ihrer Sozial-
struktur entsprechend, das heißt einzeln, in Gruppen oder paarweise,
nahezu gleichbleibend über den zur Verfügung stehenden Lebensraum
verteilen, um auf diese Weise bestmöglich von den Ressourcen Gebrauch
machen zu können.

Aggression kann darüber hinaus als eine Art Hilfsmittel dienen, »überzähli-
ge« Artgenossen zum Verlassen eines Lebensraums oder Reviers zu
veranlassen. Beispielsweise, weil die vorhandenen Nahrungs- oder Platz-
reserven keine weitere Besiedelung zulassen. Ein eventuell entstehender
Nahrungsmangel würde ansonsten die gesamte Population gefährden.

Des Weiteren ermöglicht Aggression die Entwicklung einer Rangordnung
oder unterstützt die sexuelle Selektion.

Und was ist dann Aggressivität?

Mit diesem Ausdruck bezeichnet die Wissenschaft das gesamte Ausmaß der Angriffsbereitschaft eines Individuums oder einer Art.

Offenbar existieren dabei für das Aggressionspotential bestimmte Grenzen, die von Art zu Art variabel sein können. Innerhalb dieser Parameter bestimmen Umwelteinflüsse, häufig vor allem frühkindliche Erfahrungen und Erlebnisse, das Ausmaß der Aggressivität eines Individuums.

Hingegen ist die Frage von wissenschaftlicher Seite her noch nicht endgültig geklärt, ob und in welchem Umfang innere Faktoren die Kampfbereitschaft eines Individuums bestimmen.

Ständig »unter Strom«

Das klingt ja alles recht kriegerisch. Und damit nur sehr entfernt nach unseren samtpfotigen Schmusefreundinnen.

Tatsache ist, dass auch unser Haustier Katze die Veranlagung in sich trägt, sehr aggressiv zu reagieren, erscheint es ihm je nach individueller Einstellung oder Sachlage notwendig oder sinnvoll.

Schließlich ist jede unserer Samtpfoten von Geburt an mit einem entsprechenden, gut funktionierenden Waffenarsenal ausgestattet. Das scharfe Raubtiergebiss, in Kombination mit spitzen Krallen an geschickt agierenden Pfoten und einer oft verblüffenden Körperbeherrschung zeigen uns Menschen normalerweise nur in Ansätzen, wozu eine kämpfende Katze imstande ist oder vielmehr sein kann.

Warum also nicht doch jedem Streit und jeder Rangelei untereinander aufgeschlossen begegnen?

Vor allem als der vielzitierte Einzelgänger?

IV.III Die individuelle Streitlust

Allerdings unterscheiden sich Katzen zum Teil ganz erheblich in ihrer Bereitschaft, auf äußere Bedingungen zu reagieren.

Unter Umständen antworten sie auf unangenehme Geschehnisse in ihrer Umwelt relativ nachsichtig und gleichmütig. Einige samtpfotige Exemplare nehmen vielleicht sogar milde Strafen ihrer HalterInnen hin, ohne dass sie ein Aggressionsproblem gegenüber Dritten entwickeln.

Bei anderen Katzen wiederum bilden sich derartige Probleme sehr schnell heraus.

Ziel der Aggressionen kann dann das Emotionen auslösende Element selbst sein. Oder Furcht oder Streitlust werden, aufgrund bestimmter Sachlagen oder Umwelteinflüsse, auf ein anderes, am eigentlichen Sachverhalt gänzlich unbeteiligtes Objekt umgelenkt.

Grundsätzlich ist jeder Verlauf denkbar.

Bei der individuellen Einschätzung des Aggressionspotentials einer Katze gilt es grundsätzlich den Umstand zu berücksichtigen, dass es sich bei aggressivem Benehmen zuallererst um eine Ausdrucksweise des natürlichen, artgerechten Verhaltens einer jeden Katze handelt.

Denn nicht jeder Stubentiger, der seinem Katzenkollegen einen wohlmeinenden Klaps auf den Allerwertesten gibt, ist zwangsläufig als bösartig oder aggressiv zu bezeichnen.

Beobachten Sie daher die sich streitlustig gebärdende Katze und den oder die ebenfalls in die Aktionen mit verwickelten Artgenossen genau.

Wichtige Fragestellungen sind zum Beispiel:

- ▷ Haben Sie eine Situation beobachten können, mit welcher der gegenwärtige Zustand begonnen hat?
- ▷ Gibt es jetzt typische Abläufe, etwa beim Beginn oder im Verlauf der Auseinandersetzungen, die mit der Zeit an Intensität zugenommen haben?
- ▷ Gibt es ein ständig verfolgtes Tier oder einen ständigen Verfolger?
- ▷ Geht die Streitlust von einer bestimmten Katze aus? Scheint dieses Tier die Konfrontation mit allen Artgenossen faktisch »zu suchen«?
- ▷ Oder hat sich die aggressive Katze auf einen ganz bestimmen Artgenossen des Haushaltes fixiert?
- ▷ Bestimmen die Aggressionen den Tagesrhythmus und -ablauf des oder der betroffenen Katzen?
- ▷ Hält die zänkische Katze ihr katzentypisches Verhalten dauerhaft aufrecht? Und wird ihr Tagesablauf demzufolge von der eigenen Streitsucht und den damit in Zusammenhang stehenden Verhaltensweisen dominiert?
- ▷ Wie ist das Sozialverhalten dieser Katze ihren (anderen) Artgenossen gegenüber? Vielleicht ähnlich beherrschend?
- ▷ Steigert sich die gezeigte Aggression? Droht die Situation mehr und mehr zu eskalieren?

IV.IV Formen der Aggression

Die Neigung zu Aggressionen oder zur Streitlust dem Menschen gegenüber zeigt sich bei Katzen überwiegend in einer der drei folgenden
Erscheinungsformen:

Die spielerische Aggression

Wenn auch bei bei Jungtieren am verbreitetsten, zeigen Katzen jeden
Alters scheinbar spielerische Aggressionen gegenüber dem Menschen.
Dabei stürzt sich die Katze beispielsweise auf das Bein eines Familienmit-
gliedes, das meinetwegen gerade der Badewanne entsteigt, auf eine
Menschenhand, welche über die Sofalehne baumelt, oder auch auf einen
menschlichen Fuß, der sich des Nachts unter der Bettdecke bewegt.

Ein Indiz für diese Form der Spiels ist der Umstand, dass zum Beispiel die
kätzischen Attacken auf die unter der Bettdecke versteckten menschlichen
Extremitäten eher einen spielerischen und fast freundlich zu nennenden
Eindruck erwecken. Es fehlt ihnen der verbissene und konfrontative Charakter anderer Aggressionsformen. Auch verursacht diese Art der »Attacke« üblicherweise keine Verletzungen, da nicht richtig zugebissen wird
und die Krallen üblicherweise eingezogen bleiben.
Die Übergänge zwischen Spiel- und umgerichteter Jagdaggression verlaufen übrigens oft fließend.
Dessen ungeachtet gibt es übermotivierte Praktiker dieser Form des
»Spielens«, die richtig zubeißen oder die ausgefahrenen Krallen verwenden. In diesen oder ähnlich gelagerten Fällen vermuten die TierhalterInnen
dann häufig eine gefährlichere Form von Angriffslust.

Wie von mir bereits angedeutet, ist die spielerisch-aggressive Katze normalerweise jung, sehr aktiv und hochgradig verspielt. Doch auch ältere Katzen können besonders hingebungsvoll spielen und dabei die etwas aggressivere Form des Spiels bevorzugen.

Teilweise existieren erhebliche Unterschiede in der individuellen Ausprägung der Verspieltheit sowie in der Veranlagung zu stürmisch-ausgelassenem Spiel – sogar unter Wurfgeschwistern.

Besonders auffällig ist dabei sicherlich, dass sich an diesen Neigungen vonseiten der Menschen nichts verändern lässt. Damit will ich sagen, dass eine lebhaft spielende Katze sich nicht oder nur schwerlich zum ruhigen Beobachter umerziehen lassen wird. Dem Motto »einmal wilder Feger, immer wilder Spiel-Feger« folgend, wird sie es bleiben ... bis das Ganze erfahrungsgemäß durch das fortschreitende Alter ein wenig ausgebremst und abgemildert wird.

Auf der anderen Seite wird das eher aggressive Spielverhalten einer Katze durch den oder die TierhalterIn ungewollt gefördert.

Ich denke hierbei an die vielfach anzutreffende Verhaltensweise von Menschen, ihre Finger und Hände als »Mittel zum Zweck« einzusetzen.

Beispielsweise bewegt Mensch den Finger auf dem Sofa hin und her und zwar solange, bis der, den Finger aufmerksam beobachtende Kater endlich danach schlägt. Hat der menschliche Mitspielende Glück, lässt Samtpfote die Krallen eingezogen. Doch je nach Spielfortschritt und Temperament des feliden Partners kann das so fröhlich begonnene Spiel auch mit blutigen Kratzern auf Hand oder Arm enden.

Und an diesem Zeitpunkt des Geschehens entscheidet sich gewissermaßen die weitere, gemeinsame Spielzukunft der Beiden. Wichtig ist jetzt, dass der Mensch in dieser Situation angemessen reagiert und nicht etwa mit einem Schulterzucken über das felide Verhalten hinweggeht.

Wie reagieren?

O Verdeutlichen Sie Ihrem »wilden Feger«, dass in diesem Haushalt ausschließlich behutsam miteinander umgegangen wird.

Achten Sie in diesem Zusammenhang auch bitte darauf, das Problem durch Ihr Verhalten nicht noch unbewusst zu fördern und zu unterstützen.

Wildes Spielen gewöhnt den Stubentiger daran, sich aggressiv zu verhalten – es ist dann sozusagen ein »normales« und übliches Verhalten aus Sicht der Tiere. Aber kein Spiel mehr.

O Sollten Sie ihr Leben mit einer oder mehreren überaus temperamentvollen Katzen teilen, ist es vielleicht sogar angebracht, Ihre Stubentiger niemals auf die Idee zu bringen, dass auch menschliche Extremitäten als potentielles Spielgerät in Frage kommen.

O Solange es sich bei Ihrer Fellnase um ein Kitten handelt, mag wildes, unbeherrschtes Spiel entzückend sein. Bei einem ausgewachsenen Maine-Coon-Kater hat das Entzücken rasch ein Ende.

O Häufig sind ausschließlich jene Familienmitglieder von aggressiven Attacken ihrer Katzen betroffen, die auch besonders derb mit ihren Tieren spielen beziehungsweise sie dazu ermuntern.

O Unterbrechen Sie sofort die Interaktion mit Ihrer Katze, sobald Sie das Abgleiten des Spiels ins Grobe bemerken.

O Werden Sie passiv, bewegen Hand oder Finger nicht mehr und reagieren auf keinerlei Spielaufforderung. Egal, wie niedlich die kleine Samtpfote sie zum weiteren gemeinsamen Spiel auffordert.

O Unterlassen Sie möglichst jeden Schmerzenslaut, selbst wenn Ihre Katze Sie stark kratzen oder beißen sollte. Damit verhindern Sie das weitere Anheizen der Situation.

Reizüberflutung

Im Zusammenhang mit aggressivem Verhalten stellen jene Stubentiger einen Grenzfall dar, deren Vorstellungen von körperlicher Nähe nicht mit der Meinung ihres oder ihrer KatzenhalterIn übereinstimmen. Denn für KatzenfreundInnen, die sich Ihrer ihre Katze sozial annähern und sie kraulen und liebkosen möchten, kann ein eher abweisender und unabhängiger Katzentyp ein erhebliches Problem darstellen.

Ein weiterer Weg, die eigene ablehnende Stimmung auszuleben, ist für einige Katzen das Beißen. Von Tier zu Tier variieren auch hier die Ursachen wie etwa körperliche Unterforderung, Zurückfallen in kindliche Verhaltensweisen oder mangelnde Beschäftigung.
Auch die Veränderung der nervlichen Reizschwelle ist ein Auslöser für unvermittelt aggressive Katzen. Dies zeigt sich insbesondere beim sogenannte »Streichel- und Beißsyndrom«, bei welchem die Katze nach anfänglicher Akzeptanz des Streichelns scheinbar unvermittelt aggressiv gegen den sie kraulenden Menschen reagiert.

Im Gegensatz zu ihrer reizüberfluteten Artgenossin verhält sich die schmusende und parallel leicht beißende Samtpfote so nicht aus einer Abwehrhaltung heraus.
Stattdessen sind die eher vorsichtigen »Liebesbisse« einzig und allein kätzischer Ausdruck der überschäumenden Begeisterung und des Wohlfühlens jetzt in diesem gemeinsamen Moment des Kuscheln und Schmusens. Dennoch sollten Sie auch dieses Verhalten schnellstmöglich konsequent unterbinden.

Wie reagieren?

o Teilen Sie Ihr Leben mit solch einem eher distanzierten Wesen? Dann versuchen Sie doch bitte, auf die Bedürfnisse und Vorlieben Ihres Stubentigers einzugehen. Auch wenn es Ihnen noch so schwer fallen mag.

o Zügeln Sie, wenn möglich, Ihr aufkeimendes Bedürfnis nach körperlicher Nähe und Zuwendung.

o Überlassen Sie Ihrer Samtpfote die Entscheidung, wann und wie lange der körperlichen Kontakt jeweils stattfindet.

o Verdeutlichen Sie Ihrem liebesbeißenden Wildfang, dass in diesem Haushalt ausschließlich freundlich miteinander umgegangen wird. Achten Sie in dem Zusammenhang bitte darauf, durch Ihr Verhalten das Problem nicht noch unbewusst zu fördern und zu unterstützen.

o Unterbrechen Sie daher sofort das Streicheln Ihrer Katze, sobald Sie an deren Verhalten und Körpersprache das einsetzende Entzücken oder auch die positive Überreizung feststellen.

o Halten Sie die Katze dann ruhig im Arm, setzen Sie sie vorsichtig ab oder ermöglichen ihr den ungehinderten Rückzug an einen von ihr gewünschten Ort.

o Warten Sie idealerweise ab, bis das Tier von sich aus wieder Kontakt zum Schmusen und Streicheln mit Ihnen aufnimmt.

o Nehmen Sie im Laufe des Kontakts Rücksicht auf die individuelle Reizschwelle Ihrer Katze, indem Sie Ihre Zuneigung durch vergleichsweise unaufdringlichen Körperkontakt zeigen.

Die instrumentelle Aggression

Manchmal lernen Katzen ihr aggressives Benehmen als taktisches Verhalten einzusetzen, um von ihren HalterInnen eine Belohnung, eine bestimmte Verhaltensweise oder dergleichen einzufordern.

Überwiegend existiert eine Art Grundmuster, welches das Entstehen des feliden Fehlverhaltens fördert. Ausgangspunkt ist der Versuch des oder der HalterIn, die Katze durch Ablenkungsmanöver wie das Werfen von Spielzeug oder das Verfüttern von Leckerbissen von ihrem unerwünschten Handeln abzulenken. Basierend auf dem Grundgedanken, dadurch die spielerischen Attacken etwa auf die menschlichen Beine zu beenden.

Allerdings belohnt der Mensch dadurch ungewollt das problematische Verhalten seines Tiers. Im Laufe der Zeit lernt die Katze nämlich, dass eben jedes Attackieren von Menschenbeinen oder -armen für sie eine geeignete und lukrative Methode darstellt, an Futter oder Leckereien zu gelangen oder der nächtlichen Langeweile durch ein bisschen Aktivität zu entfliehen. Wodurch der Grundstein für eine wiederkehrende Verhaltensweise zur Durchsetzung von Fellnäschens Wünschen gelegt wird.

Eine Steigerung erfährt das aggressive Verhalten der Katze, ignoriert der bisher so bereitwillig reagierende Mensch die Aufforderung seiner Katze. Auf einmal bleibt Mensch also des Nachts liegen und steht nicht auf, um wie gewohnt zu spielen.
Dieses Ausbleiben der erwarteten Reaktion führt häufig zu einer Verschlimmerung und Intensivierung der Attacken durch die Katze. Denn schlussendlich wird sie austesten, ob Mensch nicht doch wieder zur erwarteten Verhaltensweise zurückkehrt.

Wie reagieren?

- O Unterbrechen Sie sofort jede Interaktion mit Ihrer Katze, sobald Sie von Ihrer Katze aus erkennbar taktischen Gründen aggressiv attackiert werden.
- O Wenden Sie sich demonstrativ anderen Tätigkeiten zu.
- O Reagieren Sie auf keinerlei Kontaktaufforderung. Egal, wie niedlich die kleine Samtpfote sie dazu ermuntert.
- O Wappnen Sie sich innerlich und rechnen Sie mit einer eventuellen Steigerung der »Bitte« um das Gewünschte. Sei es durch Miauen, Kratzen oder sonstiges, um Aufmerksamkeit heischendes Verhalten. Auch eine Steigerung oder Änderung des bisher gezeigten Aggressionsverhaltens ist möglich!
- O Sollte das der Fall sein, unterlassen Sie jede direkte Reaktion, selbst wenn Ihre Katze Sie unübersehbar provozieren sollte. Jegliches Nachgeben Ihrerseits »belohnt« das kätzische Verhalten und lehrt die Katze, dass Mensch erfolgreich zu beeinflussen ist.

Zu den häufigsten Aggressionsarten unter Katzen gehören:

Die Angst-Aggression

Diese Ausprägung der Abwehraggression anderen Feliden gegenüber ist weit verbreitet.

Mögliche Ursachen sind eine genetische Bereitschaft, mangelnde Sozialisation oder auch erlerntes Verhalten beziehungsweise Erfahrungswerte.

Denn nicht nur Überlegenheit und der Anspruch auf Vorherrschaft führen zu aggressivem Verhalten. Auch eine vom Naturell eher furchtsame Katze erreicht, von Umweltreizen überfordert, früher oder später jene spezifische Schwelle, an welcher ihr scheuer Rückzug in unverhohlene Aggression umschlägt.

Treffen dann noch eine furchtsam-aggressive Katze und eine territorial-aggressive Katze in einem Haushalt aufeinander, sind den nicht enden wollenden, in ihrer Härte und dem Grad der Belastung ansteigenden innerartlichen Auseinandersetzungen Tür und Tor geöffnet.

Einige KatzenhalterInnen vermuten, dass es sich bei den Konfrontationen ihrer Katzen um ein Dominanzproblem handelt. Als vermeintliche Lösung ermöglichen sie ihren Katzen, solange zu kämpfen, bis sich eine Art »Rangordnung« etabliert hat.

Doch Katzen sind keine Hunde.

Dementsprechend führen gegenseitiges Bedrohen und Kämpfen erfahrungsgemäß nur dazu, dass die Katzen mehr Furcht voreinander haben. Infolge wird sich das bereits angesprochene angstbedingte Aggressionsproblem verstärken anstatt sich abzuschwächen.

In einigen Fällen geht diese Entwicklung sehr rasch vonstatten: Nur eine einzige ernsthafte Auseinandersetzung führt dazu, dass eine Katze ängstlich und aggressiv reagiert, sobald sie die andere Katze das nächste Mal nur zu Gesicht bekommt, selbst wenn diese nicht das geringste bedrohliche Verhalten zeigt.

In anderen Fällen entwickelt sich das Problem vielleicht wesentlich langsamer: Zuerst knurrt nur die eine Katze, irgendwann knurren und fauchen dann beide Tiere, anschließend folgen oberflächliche Geplänkel, die in einer Serie immer bösartigerer Kämpfe münden. Durch den oder die eventuell betroffene KatzenhalterIn ist dabei zu berücksichtigen, dass sich diese Spirale von ansteigender Furcht und Aggression mehrheitlich über einen längeren Zeitraum entwickelt.

Haben sich die Lebensumstände für die feliden Beteiligten erst einmal soweit verschlechtert, ist es sinnvoll, die Katzen für eine Weile getrennt zu halten. Dadurch werden Kämpfe und das (gegenseitige) Bedrohen verhindert und das bereits bestehende Problem nicht noch weiter verschlimmert. Den Katzen sollte unter derartigen Umständen nur dann Kontakt miteinander ermöglicht werden, wenn jeder Angstreiz und die daraus resultierenden Auseinandersetzungen völlig vermieden werden können.

Je nach Ausprägung und der sich darstellenden Sachlage ist es eine Herausforderung, die Formen von ängstlicher Aggression und territorialer Aggression zu unterscheiden.

Denn so manches Mal handelt es sich zwar um angstbedingte Aggression, eine der beiden Katzen hat jedoch mehr Angst als die andere. Was folglich zu einem Verhalten führt, welches der territorial veranlassten Aggression stark ähnelt: Auch hierbei flieht eine Katze vor dem Artgenossen, versteckt sich und verlässt ebenfalls nur äußerst ungern ihr sicheres Versteck – wenn überhaupt.

Wie reagieren?

○ Zwingen Sie die Katzen nicht gegen deren Willen zur Kontaktaufnahme, auch nicht unter Ihrer Aufsicht.

○ Versuchen Sie niemals, zwei streitende Katzen zusammenzubringen, damit diese das Problem »unter sich« ausmachen. Sehr häufig führt das zu einer Eskalation der Situation anstatt die Spirale aus gegenseitiger Furcht und Aggression, wie gewünscht, zu durchbrechen.

○ Halten Sie in besonders gravierenden Fällen beide Katzen getrennt in verschiedenen Zimmern und zwar möglichst so lange, bis beide Tiere die Anwesenheit der anderen Katze ohne erkennbare Verhaltensänderung akzeptiert. Die Räume sind dabei mit allem ausgestattet, was für das Wohl beider Tiere während des vorübergehenden Aufenthalts erforderlich ist.

○ Verschließen Sie beispielsweise die Türdurchgänge durch ein stabiles Netz. Sicht- und Geruchskontakt sind so gewährleistet, die Gefahr einer körperlichen Attacke wird jedoch gebannt, da jede Katze sich in den sicheren rückwärtigen Teil des eigenen Zimmers zurückziehen kann.

○ Gestatten Sie erst dann näheren Kontakt zueinander, wenn beide Katzen sich über einen länger anhaltenden Zeitraum hinweg friedlich an der Netzabsperrung begegnen.

○ Bitte denken Sie bei dieser Art der nur vorübergehenden Haltung daran, mit jeder Katze ausreichend Zeit in Form von Spiel- und Schmusestunden zu verbringen.

○ Stärken und unterstützen Sie niemals die dominant-aggressive Katze durch ihre sozialen Zuwendung.

Die umgerichtete Aggression

Bei dieser Form der Aggression richtet sich das aggressive Verhalten der Katze nicht gegen die eigentliche Ursache ihrer Wut, sondern gegen das nächstbeste Individuum oder Objekt.

Als Beispiel greife ich auf den Musterfall aus dem Kapitel über die ängstlich-nervöse Katze zurück: Nämlich jene Katze, die friedlich in der Wohnung auf der Fensterbank sitzt und döst. Plötzlich ertönt draußen ein lauter, durchdringender Schlag. Mieze zuckt zusammen, erschrickt und blickt verstört aus dem Fenster. Kurze Zeit später springt völlig überraschend ihre Mit-Katze neben sie auf die Fensterbank. Durch deren Ankunft schlägt Miezes unverändert vorhandene Irritationen in Aggression um, die sie jetzt an ihrer völlig arglosen Mit-Katze auslässt. Und schon sind die »schönsten Missverständnisse« losgetreten.

Kommt Mensch dann am Abend von der Arbeit nach Hause, findet sie oder er anstelle der ihm bislang bekannten befreundeten Samtpfoten zwei sich meidende, offensichtlich verstörte Stubentiger vor.

Wie reagieren?

O Je nach Ausprägung des Missverständnisses ist es ratsam, die Katzen vorübergehend räumlich zu trennen.

O Hat die Auseinandersetzung eben erst stattgefunden? Ist die beiderseitige Irritation noch nicht zum Normalzustand geworden? Dann schaffen Sie zusätzliche Wasser- und Futterplätze sowie zusätzliche Rückzugszonen für die betroffenen Katzen. Und stellen Sie weitere Katzentoiletten auf.

O Reduzieren Sie den Stress für die geschädigte Katze, indem Sie ihr Nahrungsaufnahme und ungestörtes Spielen in Ihrem Beisein ermöglichen. Und schenken Sie dem Tier vermehrt Ihre Zuwendung und Fürsorge.

Die territoriale Aggression

Bei der sogenannten territorialen Aggression verfolgt die aggressiv angrei-
fende Katze ihren Rivalen unverdrossen bei jeder sich bietenden Gelegenheit, attackiert und jagt ihn, ohne selber Anzeichen von Furcht an den Tag
zu legen.

Unter KatzenfreundInnen bereitwillig mit dem vermenschlichenden Begriff
der »Eifersucht« umschrieben, reagiert der sich in seinem sozialen Status
oder dem ungehinderten Zugang zu Ressourcen bedroht fühlende Minitiger je nach Veranlagung mit weiteren Verhaltensauffälligkeiten wie Unsauberkeit, Zerkratzen der Wohnungseinrichtung oder vermehrtem Fauchen.

Neben dem ungeliebten Artgenossen reizt und fördert eventuell auch ein
neu oder besser gesagt kurzfristig hinzugekommenes Familienmitglied die
Aggressivität des bereits im Haushalt lebenden Stubentigers und wird so
direktes Ziel der Wut.
Andere Stubentiger hingegen reagieren sich bevorzugt mittelbar an der
Umwelt ab, sodass es den oder die Halterin, aber auch das Mobiliar, per-
sönliche Gebrauchsgegenstände beziehungsweise Bekleidung oder die
Räumlichkeiten trifft.

Übrigens gehören Katzen, die ausschließlich zur Einzelhaltung empfohlen
werden, sehr oft zur Gruppe der territorial aggressiven Feliden.
Eine dauerhaft friedliche Vergesellschaftung mit anderen Katzen ist hier so
gut wie ausgeschlossen, da keine andere Samtpfote im Revier geduldet
wird. Bemerkenswert ist bei den so veranlagten Stubentigern, dass sie vielfach selbst Kitten nicht in ihrer Nähe dulden. Auch sie werden konsequent
angefeindet.

Exkurs: die Angriffslust unter Katern

Eine weitere Form der innerartlichen Aggression sind die Händel zwischen (potenten) Katern. Überwiegend oder ausschließlich frei lebende Kater verhalten sich oftmals ausgesprochen territorial und reagieren dabei besonders aggressiv auf fremde Kater.

Ausschließlich als Wohnungskatzen lebende Kater bedienen sich nicht immer eines ritualisierten Drohverhaltens. Vielleicht aufgrund der herrschenden Vertrautheit aller Katzen innerhalb einer Familie oder eines Haushalts. Stattdessen zeigen sie nur Auszüge des üblichen Drohverhaltens, wie etwa das demonstrative Anstarren oder Anknurren des vermeintlichen Rivalen.

Im Gegensatz dazu benutzen die in Freiheit lebenden Kater ihre Aggression als Mittel, um ansässige, geschlechtsreife Kater angriffslustig herauszufordern. Ein Verhalten, welches gemeinhin dazu dient, die Fortpflanzung innerhalb eines bestimmten Lebensraumes zu regulieren.

Die Übergänge zur *sexuellen Aggression* sind zumeist fließend.

Neben der Streitlust anderer zeugungsfähigen Katern gegenüber äußern sich Aggressionen im Sexualbereich auch durch das andauernde Besteigen eines anderen Katers oder einer Kätzin.

In besonders ausgeprägten Fällen verfolgt und bespringt der so handelnde Kater die andere Katze praktisch den ganzen Tag über. Was wiederum dazu führt, dass das felide Opfer Angst bekommt und sich versteckt.

Übrigens zeigen auch weibliche Tiere unangebrachtes Bespringen von anderen Katzen. Es handelt sich hierbei um keine ausgesprochen männliche Dominanzpraktik unter Katzen.

Sonderfall: die gesundheitlich bedingte Aggression

Neben emotionalem Stress und der damit eventuell einhergehenden Dauerbelastung sind verschiedene Krankheitsbilder mögliche Auslöser von angriffslustigem Verhalten.

Als einige Beispiel möchte ich an dieser Stelle Krebserkrankungen oder konkreter Tumore, die Tollwut (auch in ihrer Pseudoform, der sogenannten „Aujeszkysche Krankheit"), eine Schilddrüsenüberfunktion oder Vergiftungen erwähnen.

Desgleichen kann eine akute schmerzhafte Verletzung, eine Erkrankung des Bewegungsapparates oder vielmehr die damit verbundenen Schmerzen zu aggressiven Handlungen Ihrer Katze führen.

Ferner beeinflussen auch neurologische Störungen, etwa durch Traumata oder Infektionskrankheiten verursacht, das Verhalten Ihres Stubentigers nachhaltig.

Wichtige Hinweise für Sie

Einen Grundsatz sollten Sie als HalterIn einer aggressiven Katze bitte niemals außer Acht lassen:

✴ Aggressive Katzen sind immer potenziell gefährlich.

Die Gefahr besteht insbesondere in Haushalten mit kranken, jungen, älteren oder auch geistig/körperlich behinderten Personen.

Greift die Katze sogar völlig untypisch ohne vorherige Drohphase, unvorhersehbar, scheinbar grundlos und völlig enthemmt an?
Entwickelt sich dieses Verhalten nach und nach, kann eine Konditionierung des Tiers auf Aggressionen zugrunde liegen.
Tritt das Verhalten urplötzlich und unvermutet auf, ist gegebenenfalls eine körperliche Erkrankung die Ursache.

▷ Eine rasche tierärztliche Untersuchung ist in derartigen Fällen unerlässlich!

Sind Sie dementsprechend bitte außerordentlich zurückhaltend bei Ihrer Kontaktaufnahme mit einer aggressiven Katze; selbst wenn es sich bei dem Sofalöwen um ein Tier handelt, zu welchem Sie seit Jahren ein vertrauensvolles Verhältnis haben.

✳ Stellen Sie im Zweifel Ihre Katze immer dem tiermedizinischen oder -therapeutischen Fachpersonal Ihres Vertrauens vor. So kann sie/er gesundheitliche Ursachen des aggressiven Verhaltens ausschließen oder bei Bedarf veterinärmedizinisch behandeln.

Wann Rat von einem Profi für Katzenverhalten?

Für den oder die HalterIn stellen aggressive Katzen, egal welcher Motivation, und der damit innerhalb des Haushaltes einhergehende Zank und Aufruhr zumeist ein größeres Problem dar als der geräuschlose Rückzug einer furchtsamen Katze.

In den zuvor geschilderten oder auch ähnlich gelagerten Konstellationen sollte erfahrenes und seriös arbeitendes Fachpersonal mit fundierten Kenntnissen der Katzen-Verhaltenskunde um individuellen Rat befragt werden.

Dessen Fachwissen um das Einschätzen der gezeigten Verhaltensweisen vermag zurück zu den Auslösern der (Abwehr-)Aggression führen.

Auf diese Weise werden Lösungswege aufgezeigt, um den eingeschlagenen Konfrontationskurs zu verlassen beziehungsweise die Spirale der Streitlust zu durchbrechen.

V.
Katzen, die unsauber sind

V.I Oh weh, ein Malheur!

Das Ausscheiden von Urin und Kot an Stellen außerhalb der Katzentoilette ist die konfliktbeladenste Verhaltensauffälligkeit im Zusammenleben von Katze und Mensch.

Wiederholtes Urinieren verdirbt mehr oder weniger schnell die gesamte Wohnungseinrichtung. Und auch der typisch penetrante Geruch setzt sich rasch fest und kann so durchdringend werden, dass sich obendrein auch die Nachbarn beschweren.
In gravierenden Fällen stehen die Katzenfreunde und -freundinnen vor der Entscheidung, das Verhaltensproblem zeitnah lösen zu müssen. Oder für Samtpfote und sich andernfalls ein neues Zuhause zu suchen.
Aber so weit muss es nicht kommen.

V.II Ausscheidungs- oder Markierverhalten?

Voraussetzung, die Ursachen der Stubenunsauberkeit zu verstehen und das Verhalten in die gewünschten Bahnen zurückzulenken, ist das Wissen um die Art der Unsauberkeit:

Handelt es sich um das Ausscheiden von Substanzen außerhalb der Katzentoilette oder einzig um Markieren? Wobei die Mehrzahl der Katzen den Urin außerhalb ihrer Katzentoilette ausscheidet. Je nach Ausgangslage ist ebenfalls eine Kombination durch das Ausscheiden von Urin oder auch Kot in Kombination mit Urinmarkieren denkbar.

Harnabsatz zum Zweck der Ausscheidung:
- überwiegend in hockender Körperhaltung
- große Urinmenge
- waagerechte Oberflächen
- mit Scharren verbunden
- die Katzentoilette wird meistens nicht mehr oder nur noch sehr selten benutzt (wenn, dann lediglich zum Ausscheiden von Kot)

Harnmarkieren:
- überwiegend in stehender Körperhaltung
- eher geringe Urinmenge
- senkrechte Oberflächen
- kaum mit Scharren verbunden
- die Katzentoilette wird regelmäßig für das Ausscheiden von Urin aufgesucht

V.III Harnausscheidung

Handelt es sich bei der Stubenunsauberkeit Ihrer Samtpfote gemäß den Kriterien aus Kapitel V.II um das Ausscheiden von Urin außerhalb der Katzentoilette?

Bereits minimale Veränderungen im Umfeld der Katze lösen bei dafür übermäßig sensiblen Katzen das Absetzen von Urin (und/oder Kot) in unerlaubten Örtlichkeiten oder Bereichen aus.

Soziale Komponenten

Das Eintreffen einer weiteren Samtpfote im eigenen Revier ist nicht gerade selten ein Anlass für die angestammte Katze, unsauber zu werden.

Damit meine ich beispielsweise die wiederholte Rückkehr eines Freiläufers von seinen ausgedehnten Streifzügen, aber auch die Ankunft einer weiteren Katze in der Familie.

Vielleicht entstehen aus diesen Situationen heraus Probleme für die Tiere innerhalb eines Haushaltes. Die sie dann mittels Absetzen von Urin außerhalb der Katzentoilette zum Ausdruck bringen beziehungsweise nach Katzenart zu lösen versuchen.

Auch das Beobachten fremder Katzen auf dem familiären Grundstück und die damit verbundene Verletzung des eigenen Reviers veranlasst die Revierinhaberin je nach territorialem Anspruch zum (einmaligen?) Hinterlassen einer unmissverständlichen Botschaft mittels Urinmarkierung.

Neben einem Umzug sind Veränderungen innerhalb der familiären Struktur weitere soziale Auslöser für Stubenunsauberkeit.

Die Ankunft eines neuen Erdenbürgers, die Erweiterung zur Patchwork-Familie oder die Trauer um den Verlust eines geliebten Gegenübers (Mensch oder Tier) führen zu Umbrüchen, die auch an unseren Fellnasen nicht spurlos vorbeigehen.

Das stille Örtchen
Gestalten Sie den Besuch des Kistchens für Ihren Stubentiger auf Katzen-art so angenehm wie möglich. Ansonsten wird er eventuell niemals die Katzentoilette dauerhaft verlässlich aufsuchen.

Wie reagieren?
- Überprüfen Sie die Anzahl der Katzentoiletten im Haushalt, die Ihre Samtpfote zur ständig freien Verfügung hat.
- Wie sind die Toiletten im Haus, in der Wohnung verteilt? An welchen Standorten?
- Welche Art von Katzentoilette steht bereit? Offen? Oder geschlossen, mit oder ohne Schwingtür?
- Wie sind die Abmessungen der Toiletten? Bieten Sie der Katze ausreichend Raum, sich darin problemlos zu bewegen?
- Welche Art und Menge an Einstreu verwenden Sie? Auch hier kann es aus Sicht Ihrer Katze Optimierungsbedarf geben – zum Beispiel weg von der parfümierten Naturfaser hin zum geruchs-neutralen Natur-Ton. Oder umgekehrt.
- Womit reinigen Sie wie häufig das Behältnis? Es zeigt sich, dass ammoniakhaltige Reinigungsmittel das Problem potenziell ver-schlimmern. Selbiges gilt für chlor- oder parfümhaltige Reiniger.

V.IV Sich ausweitende Unsauberkeit

Eine unsaubere Katze wird sich innerhalb der ihr zur Verfügung stehenden Möglichkeiten einen Toilettenersatz nach ihren Vorstellungen und Wünschen suchen.

Auswahl nach Art der Oberfläche:
(zum Beispiel nur glatte oder textile Bodenbeläge)

Wie reagieren?
- Reinigen Sie die »Stätte des Geschehens« gründlich. Damit meine ich das Entfernen des durchdringenden Uringeruchs. Allerdings nicht mit ammoniak- oder chlorhaltigen Reinigungsmitteln. Insbesondere Ammoniak erinnert aufgrund seiner chemischen Zusammensetzung unsere Samtpfoten sehr stark an den »Wohlgeruch« der eigenen Ausscheidungen.
  Achten Sie somit beim Kauf auf das Etikett des Reinigers. Fragen Sie im Fachhandel nach Reinigern, die nicht auf Ammoniak basieren. Damit auch der »Duft« für eine feine Katzennase tatsächlich verschwindet. Und nicht nur der eine Duft durch einen anderen Geruch übertüncht wird. Mittlerweile haben viele namhafte Hersteller spezielle Produkte zur Beseitigung des Katzenurins in Kombination mit einem Geruchsstopp im Angebot
- Machen Sie den Bereich für die Katze uninteressant, indem Sie die Oberflächenstruktur deutlich verändern. Beispielsweise durch das Befestigen von Teppichfliesen auf glatten Oberflächen beziehungsweise Folie auf den bevorzugten Stellen mit saugfähigem Untergrund. Viele Katzen lehnen den Pfotenkontakt mit einer knisternden und sich bewegenden Folie aus Alu oder Kunststoff ab.

Auswahl nach Örtlichkeit:
(zum Beispiel in ein bestimmtes Zimmer oder ausschließlich an eine ganz bestimmte Stelle)

Wie reagieren?
- Verwehren Sie ihr zusätzlich zu den bereits geschilderten Maßnahmen (Spezial-Reiniger, Veränderung der Oberflächen-Struktur) den freien und selbstbestimmten Zugang zu diesem Platz. Öffnen Sie die Zimmertüre ausschließlich während Ihrer Anwesenheit. Und zwar dahingehend, dass sie den Raum und die bevorzugte Lage jederzeit im Blick haben.
- Nähert sich Ihr Stubentiger nun dieser Stelle, können sie durch gezielte Reaktionen ein Urinieren Ihrer Katze verhindern. Zum Beispiel durch lautes Händeklatschen.
- Auch das Bekleben des Bodenplatzes sowie der unmittelbaren Umgebung mit doppelseitigem Klebeband kann die Attraktivität der Örtlichkeit für Ihre Katze deutlich reduzieren.
  Erfahrungsgemäß wird sie auf diese Art und Weise den Platz nach einiger Zeit völlig meiden. Und dann doch lieber die wesentlich »entgegenkommendere« und besser geeignete Katzentoilette aufsucht.

Ahndet der oder die HalterIn das wiederholte Nutzen der Ausweich-Toilette mit Strafen, wird die Katze ihre Unsauberkeit von der zuvor bevorzugten Stelle weg scheinbar willkürlich innerhalb der gesamten Wohnfläche verteilen. Zumeist wählen die Tiere drei bis vier bevorzugte Plätze aus, manchmal können es aber auch deutlich mehr sein.

Wie reagieren?

- Denken Sie bitte immer an die gründliche Säuberung aller „Stätten des Geschehens".

- Ihre sich jetzt anschließende Reaktion macht sich die Reinlichkeit Ihrer Katze zunutze. Katzen trennen nämlich üblicherweise die Nahrungsaufnahme und das Absetzen von Urin und Kot strikt voneinander.

- Servieren Sie daher künftig an allen Stellen, die bisher zweckentfremdet wurden, kleine Futterportionen. Verteilen Sie einfach die normale Futterportion in den sonst üblichen Napf plus einiger weiterer Behältnisse. Eben die identische Anzahl an Ausweich-Toiletten, die Ihre Katze neu angelegt hat.
Nehmen wir einfach mal an, Ihr samtpfotiger Liebling verteilt seine Hinterlassenschaften an fünf unterschiedlichen Plätzen: auf dem Wohnzimmerteppich, dem Badezimmerläufer, in der Abstellkammer, im Flur und mitten in die noch zu waschende Wäsche im Bad hinein. In diesem Fall bereiten Sie bitte insgesamt sechs Portionen vor, aber insgesamt keine größere Menge als die normale Futterportion. Geben Sie das Gros des Futters in den gewöhnlichen Futternapf. Und verteilen Sie den Rest in jeweils gleich große Portionen auf die verbleibenden fünf Tellerchen. Stellen Sie die so befüllten Teller nun auf die durch Ihren Stubentiger zweckentfremdeten Plätze.

○ Anschließend ist das Bild, welches Ihre Wohnung bietet, sicherlich ein wenig gewöhnungsbedürftig. Wahrscheinlich stehen jetzt an den absonderlichsten Stellen kleine Papptellerchen herum, befüllt mit ein wenig Katzenfutter. Doch wären mir persönlich kleine Tellerchen mit Futterspuren lieber, als ... – na ja, Sie wissen schon.

○ Hat Ihr Stubentiger nach einiger Zeit bewiesen, dass er verstanden hat, worum es Ihnen geht? Vielleicht die alten Gewohnheiten abgelegt? Und immer brav das von jetzt an einladend saubere Katzenklo benutzt?

In dem Fall ist es an der Zeit, mal hier und mal da ganz vorsichtig ein Tellerchen vorübergehend zu entfernen. Stellen Sie als Nächstes den Teller wieder für ein paar Tage hin, entfernen Sie aber dafür einen anderen Napf an einer anderen Stelle. Um abzuwarten, was geschieht.

○ Doch bitte beobachten Sie Ihre Katze genau. Nur wenn wirklich kein weiteres Missgeschick passiert ist, können Sie den zweiten Teller entfernen. Ist auch das glücklich und ohne neuen »Schlamassel« überstanden, entfernen Sie nach und nach jeweils einen weiteren Teller. Solange, bis außer dem ursprünglichen Futternapf an seinem angestammten Platz alle anderen Behältnisse verschwunden sind.

○ Sollte sich wider Erwarten doch ein neues Unglück ereignet haben, sind Sie eventuell ein wenig zu hastig und schnell vorgegangen. Beginnen Sie dann erneut ganz von vorne, lassen dabei aber bitte die Futter-Behältnisse länger stehen. Auch hier gilt wie bei so vielem im Leben, dass sich erst die Geduld auszahlt.

o Maßgebend ist in diesem Zusammenhang, Ihre Katze jedes Mal zu loben, hat sie die Katzentoilette genutzt.

Damit meine ich nicht nur ein freundlich-biederes »gut gemacht«. Nein. Loben Sie die Katze so überschwänglich Sie nur können. Machen Sie ihr klar, dass das Benutzen der Katzentoilette das Tollste ist, was nur passieren kann. Loben, streicheln und belohnen Sie sie. Belohnen Sie mit Worten, mit Gesten und vielleicht sogar mit Taten. Vielleicht mit einer Runde des Lieblingsspiels oder mit einem Leckerchen für Katzen.

Wichtig ist auch, bei einer Art des Beachtens und Wohlwollens zu bleiben, sobald das regelmäßige und ausschließliche Aufsuchen der Katzentoilette funktioniert. Loben Sie also Ihre Katze immer mal wieder – und sehen dadurch das gewünschte Verhalten Ihrer Katze nicht als Selbstverständlichkeit an.

Was unbedingt vermeiden?

☐ Reagieren Sie bitte auf gar keinen Fall und unter keinen Umständen mit Bestrafung und gar Schlägen.

☐ Stoßen Sie bitte niemals die Nase Ihrer Katze in das entstandene »Häufchen« oder in den sich ausbreitenden »See«.

☐ Und einerlei wie aufgebracht Sie sein mögen, vermeiden Sie möglichst Schreien und Toben.

☐ Auch das Verhalten einiger KatzenhalterInnen, den feliden Übeltäter zu nehmen, etwas unsanft in die Katzentoilette zu verfrachten und das Tier zu zwingen, sich einige Zeit darin aufzuhalten, ist meiner Meinung nach, gelinde gesagt, barbarisch. Und trägt nicht zur Lösung des Problems bei. Tendenziell wird sich dadurch das Katzenverhalten zum Negativen verändern.

Gesundheitliche Gründe

Eine weitere Ursache für das Urinieren (und Koten) außerhalb der Katzentoilette sind gesundheitliche Beschwerden Ihrer Samtpfote.

Krankheitsbedingte Herausforderungen des Verdauungstrakts, aber insbesondere der Blase und der Nieren sind bei der entwicklungsgeschichtlichen Wüstenbewohnerin »Katze« leider nichts Ungewöhnliches. Harnwegsinfekte sind bei unseren Miezen recht gut an den vielen kleinen »Pfützen« zu erkennen. Das Wasserlassen verursacht der Katze merklich Schmerzen. Oft ist der abgesetzte Urin mit Blut vermischt.

In Ausnahmefällen kann es allerdings passieren, dass die Katze die mit dem Urinieren verbundenen Schmerzen nicht ihren Harnsteinen oder der Blasenentzündung »zuschreiben«, sondern die Katzentoilette dafür »verantwortlich« macht. Und sich daher weiterhin überall in der Wohnung löst, nicht aber in dem dafür vorgesehenen Behältnis. In diesen Fällen ist ein behutsames Umlenken und Umerziehen des Stubentigers erforderlich.

Des Weiteren können organische Erkrankungen der Sinnesorgane zu Desorientierung und damit zum Erleichtern außerhalb der bisher verlässlich genutzte Katzentoilette führen.

▷ Stellen Sie daher im Zweifelsfall die betroffene Katze unbedingt rasch dem tiermedizinischen oder -therapeutischen Fachpersonal Ihres Vertrauens vor. Damit sie oder er die eventuell ursächliche Grunderkrankung therapiert. Im Idealfall ist anschließend das Problem der Stubenunsauberkeit keines mehr.

V.V Harnmarkieren

Handelt es sich bei der Stubenunsauberkeit Ihrer Samtpfote gemäß den Kriterien aus Kapitel V.II um Markierverhalten?

Vom Standpunkt einer Katze aus ist das sogenannte Markieren ein ganz normales Kommunikationsverhalten, das den Lebensbereichen Sozial-, Territorial- und Sexualverhalten entstammt.
Insbesondere das bei einigen Tieren stark entwickelte Territorialverhalten ist mitunter Auslöser eines im Allgemeinen mit dem Begriff »Protestpinkeln« bezeichneten Urinmarkierens innerhalb der Wohnräume.
Der verspritzte Urin enthält innerartliche Informationen darüber, welche Katze sich zu welchem Zeitpunkt, in welcher Stimmung, an welchem Ort aufgehalten hat. Wichtige Botschaften, um mit ihrer Hilfe beispielsweise potentielle Rivalen abzuschrecken oder Sexualpartner zu bestimmten Zeiten anzulocken.

Darauf aufbauend gibt es unter Experten für Katzenverhalten noch weiterführende Thesen: Unter anderem könnten alle zuvor erwähnten, über den Urin kommunizierten Informationen den Katzen dazu dienen, die örtlichen Bewegungen von (frei lebenden) Katzen innerhalb bestimmter Gebiete so zu koordinieren, dass ein Aufeinandertreffen möglichst vermieden wird.

Neben Mehrkatzen-Haushalten, in denen das soziale Gefüge zwischen den einzelnen Tieren aus der Balance geraten ist, veranlassen auch Angststörungen, entwicklungsbedingte Störungen oder eine einsetzende Demenz eine Katze zum Markieren. Hinzu addieren sich vor allem Harnwegserkrankungen als mögliche Auslöser für vermehrtes Harnmarkieren.

Häufig berichten betroffene KatzenhalterInnen, dass ihre Stubentiger mit Urin markieren, sobald neue Gegenstände in das Haus oder die Wohnung eingebracht werden. Das Markieren erfolgt direkt an oder auf dem fremden Gegenstand, um ihn als Bestandteil des Reviers zu kennzeichnen. Nach gelungener »Geruchs-Integration« des Unbekannten in die Familie, in das Revier erledigt sich die Verhaltensauffälligkeit der Stubenunsauberkeit so manches Mal wie von alleine. Bis zur nächsten Veränderung ...

Alles meins

Im Übrigen machen Katzen nicht nur durch Kot- und Urinmarken ihr Eigentum und ihre Revier kenntlich. Auch das zu Problemen Anlass gebende Kratzmarkieren an Einrichtungsgegenständen gehört mit zu den revierkennzeichnenden Maßnahmen, siehe Kapitel VI über kratzende Katzen.

Und nicht zuletzt das bei allen KatzenfreundInnen wesentlich beliebtere Reiben an Gegenständen, Menschen und Artgenossen dient dazu, durch übertragene Duftstoffe Besitzansprüche oder eine Form der Zusammengehörigkeit durch einen »Gruppengeruch« nach außen zu dokumentieren.

Hormone

Eine weitere These stützt sich auf die Begründung, dass Hormone Einfluss auf das Markierverhalten von Katzen haben, da es sich bei Mehrheit der markierenden Katzen um potente Tiere handelt. Konkreter gesagt, das Gros der markierenden Katzen sind Kater.

Wobei ich an dieser Stelle andererseits sofort darauf hinweisen möchte, dass sowohl Kätzinnen als auch Kastraten beiderlei Geschlechts gleichfalls zu markieren pflegen. Kätzinnen markieren allerdings aufgrund der weiblichen Anatomie meist nicht so »beeindruckend« wie Kater. Bei den Damen befindet sich der Urinstrahl näher zum Boden hin und ist weitläufig gefächert. Auch riecht der Harn einer (potenten) Kätzin nicht gar so durchdringend wie der ihres männlichen Artgenossen. Kater hingegen sind dank ihres Körperbaus in der Lage, den Urin in einem imponierend weiten und scharfen Strahl zu verspritzen.

Wie reagieren?

Durch eine Kastration wird die weitere Produktion von Hormonen sowohl bei Kätzinnen als auch bei Katern dauerhaft unterbunden.

Im Gegensatz dazu steht die Sterilisation, bei der die Tiere zwar gleichfalls unfruchtbar werden, allerdings bleiben Eierstöcke und Hoden unverändert hormonell aktiv. Hormonell verursachtes Markierverhalten wird infolgedessen durch eine Sterilisation nicht beeinflusst.

Wobei niemals hundertprozentig sichergestellt ist, dass die Katze nach der Kastration das Markieren einstellt. Und eine Kastration ist unumkehrbar. Daher ist es für Sie unerlässlich, vor dem Eingriff mit der Tierärztin, dem Tierarzt über Ihre Beweggründe ausführlich zu sprechen. Eventuell empfiehlt sich alternativ eine Medikation der betroffenen Katze. In beiden Fällen ändert sich des felide Verhaltens jedoch nicht von heute auf morgen.

Zum Schluss noch einige ergänzende Empfehlungen für Sie

▷ Das Verhaltensrepertoire unserer Katzen ist insbesondere im Teilbereich des Harnmarkieren sehr komplex und die individuellen Auslöser einer Stubenunsauberkeit sehr vielfältig.

▷ Probieren Sie die vorgestellten Schritte konsequent aus.

Und seien Sie sich bitte darüber im Klaren, dass die vorgeschlagenen Lösungswege das Problem unter Umständen nicht sofort beseitigen werden.

▷ Verschärfend kommt hinzu, dass Katzen alte Angewohnheiten selten komplett vergessen. Das kann hin und wieder zu Rückfällen in »liebgewonnene« alte Verhaltensweisen führen.

Bitte verzweifeln Sie dann nicht.

Beginnen Sie stattdessen das schon zuvor erfolgreich erprobte Umgewöhnungsprogramm wieder von vorne. Bis es eben auch diese Mal wieder zuverlässig funktioniert.

▷ Und versäumen Sie es auch künftig bitte nicht, Ihrer Katze positiv und aufmunternd gegenüberzutreten. Damit sie jederzeit in Erinnerung hat, wie erfreulich der Besuch der eigentlichen Katzentoilette ist.

VI.
Katzen, die
überall kratzen

VI.I Hilfe, Einrichtung in Gefahr!

Wie das im vorhergehenden Kapitel geschilderte Urinmarkieren ist aus Katzensicht heraus auch das sogenannte Kratzmarkieren ein ganz normales Kommunikationsverhalten, welches den Lebensbereichen Territorial-, Sozial- und Sexualverhalten zuzuordnen ist.

Weshalb Katzen einfach kratzen müssen. Denn neben einem Trainingsprogramm für den Bewegungsapparat stellt es für alle Feliden eine Form der Krallenpflege dar. Die an den Pfotenballen befindlichen Duftdrüsen hinterlassen zusätzlich während jedes Kratzvorgangs den ganz persönlichen Geruch und dienen so der Reviermarkierung erwachsener Tiere. Gleichzeitig unterstützt das Kratzen felides Imponiergehabe und hilft den Katzen, eventuell vorhandene Spannungen abzubauen.

VI.II *Kratzmarkieren aus Verzweiflung*

Nicht nur Reviermarkierung und Imponiergehabe führen zum Kratzen.
Bei einigen Katzen ist es unter Umständen ein Ausdruck von Langeweile.
Und hat Ihre Katze erst einmal herausgefunden, dass sie durch das Kratzen am (vom menschlichen Standpunkt aus gesehen) »falschen« Gegenstand die ungeteilte Aufmerksamkeit ihres Menschen besitzt, könnte sie den Umstand zu ihrem eigenen Zweck nutzen.
Bedenken Sie auch bitte diesen Gesichtspunkt bei Ihrer Ursachenforschung.

Verfügt Ihre Katze über entsprechend geeignetes Spielzeug? Beschäftigen Sie sich täglich in ausreichendem Maße mit ihr?
Dabei ist der erforderliche Grad der Ansprache, Abwechslung und Zerstreuung von Tier zu Tier individuell verschieden.

Halten Sie ausschließlich eine Katze? Eventuell vermisst sie eine Gefährtin. Auch das ist eine Ursache für zerstörerisches Kratzverhalten. Ebenso, wie (aufkommende) Konflikte innerhalb einer Katzengruppe unter anderem durch gesteigertes Kratzmarkieren angezeigt werden.

Außerdem besteht die Möglichkeit, dass Ihre Katze versucht, eine Erkrankung, oder konkreter die damit verbundenen Schmerzen, über exzessives Kratzen zu verarbeiten. Sollte Ihre Katze besonders zerstörerisch agieren, könnte es sich um einen derartigen, krankheitsbedingten Fall handeln — körperlicher oder seelischer Natur. Schließlich schlagen auch manche Menschen bei Schmerzen beispielsweise mit der geballten Faust auf eine Tischplatte oder gegen eine Wand.

VI.III Eine katzenideale Kratzgelegenheit

Doch was hat das alles mit dem Zerkratzen und eventuellem Zerstören der Wohnungseinrichtung zu tun? Zur Beantwortung dieser Frage sollten wir zuerst gemeinsam herausfinden, warum Ihre Katze gegebenenfalls nicht an dem, von Ihnen dafür vorgesehenen Objekt kratzt.

Wie sieht es mit dem eigentlichen Gegenstand aus? Entspricht etwa der Kratzbaum den allgemeinen Anforderungen einer Katze an dieses Möbelstück? Ist er stabil gearbeitet und standfest? Bietet er Stubentigern ausreichend Anregungen, Krallen und Pfoten über herrliches Sisal gleiten zu lassen? Und mit Wonne daran zu ziehen, zu zerren und zu kratzen? Trägt das Kratzmöbel eventuell sogar der Vorliebe mancher zarten Samtpfote Rechnung, ihre empfindsamen Pfotenballen auch über Teppich streichen zu wollen?

Oder wird die Ausstattung für Ihre samtpfotige Mitbewohnerin durch ein windschiefes Gebilde mit traurig herunterhängenden Sisalsträngen komplettiert?
Ein nicht standfestes oder in sich instabil montiertes Kratzmöbel gewährt der Katze keine Trittsicherheit beim Klettern, Spielen oder Springen. Nicht zu reden von den physikalischen Kräften, die je nach Größe und Gewicht eines aus dem Stand auf den Kratzbaum springenden Sofalöwens auf das Objekt einwirken.
Zudem wird der Kratzvorgang durch ungeeignete (Sisal-)Bespannung für die Katze erschwert oder gar unmöglich gemacht. Dabei sind sowohl Klettern, Springen als auch Kratzen unverzichtbar, um den außergewöhnlichen Bewegungsapparat unserer Katzen leistungsfähig und gesund zu erhalten.

Ein weiterer wichtiger Punkt ist der von Ihnen ausgewählte Standort des Kratzmöbels. Meiner Erfahrung nach übrigens das Kriterium überhaupt.

An welchem Ort ist denn, sagen wir mal, der Kratzbaum genau aufgestellt, den Ihre Katze so geflissentlich verschmäht?

Steht er vielleicht in der hinteren Ecke des nicht so oft genutzten Bügelzimmers? Ist der Raum eventuell aufgrund der meist geschlossenen Zimmertür für die Katze nur unter Vorbehalt zugänglich?

Oder haben Sie das Kratzmöbel zwar im großen Wohn-, Esszimmer aufgestellt? Allerdings eingequetscht zwischen Kamin und Zimmerecke? Weil das Kratz-»Ding« halt auch einen Platz braucht und sonst nichts anderes in den noch freien, schmalen Winkel passt?

Zum artgerechten Verhalten gehört für unsere Katze auch die Chance, ständig am gewünschten Objekt kratzen zu können. Damit meine ich einen sowohl räumlichen als auch zeitlich unbeschränkten Zugang.

Denn warum sollte das Raubtier Katze, welches sein Territorium durch Kratzmarkieren anderen Feliden gegenüber kennzeichnet, das ausgerechnet an einer der zuvor erwähnten, ungeeigneten Stelle tun?

Da wird voraussichtlich und mit großer Wahrscheinlichkeit niemand vorbeikommen, um seine Markierungen zur Kenntnis zu nehmen.

Also wird die Katze eine für sie durchgängig erreichbare und insgesamt auffälligere Möglichkeit auswählen. Zum Beispiel des Menschen Lieblings-Rattansessel, der unübersehbar im Eingangsbereich der Wohnung platziert ist. Damit auf diesem Weg auch jeder (kätzische) Besucher sofort weiß, dass er sich hier im Herrschaftsgebiet von Kater Fridolin aufhält.

Daher mein Appell an Sie:

Raus mit dem Kratzmöbel aus dem unzugänglichen Bügel- oder Gäste-zimmer und raus aus der dunklen Ecke hinten im Treppenhaus.

Es gibt heutzutage wirklich artgerechte Kratzmöglichkeiten, die sich dar-über hinaus für die unterschiedlichsten Einrichtungsstile und -vorlieben unserer Menschen-»Reviere« eignen.

In der Konsequenz liefern sie keinen Vorwand mehr, den für das Wohlbe-finden unserer Katzen so wichtigen Kratzbaum immer noch mehrheitlich im hintersten Winkel einer Wohnung oder eines Zimmers vorzufinden.

VI.IV Erste Maßnahmen

Haben Sie guten Gewissens alle haltungsbedingten und gesundheitlichen Ursachen ausschließen können? Gut. Dann werden wir uns jetzt daran machen, Ihrem geliebten Stubentiger das Kratzmarkieren an den unerwünschten Stellen möglichst abzugewöhnen.

Kratzen am Wandbelag

Ist unter Umständen der Wandbelag das Ziel des kätzischen Vandalismus? Tapeten aus Textil- oder Naturfasern, Raufaser oder Strukturtapeten aus aufgeschäumten Kunststoffen sind vielfach begehrtes Objekt von kratzwütigen Minitigern.

Den betreffenden Raum neu zu tapezieren, könnte kurzfristig ein möglicher Lösungsweg sein. Trotzdem wird Ihnen niemand glaubhaft zusichern können, dass dadurch die erworbene Vorliebe Ihrer Katze für Tapeten dauerhaft beendet ist. Und nicht jeder oder jede VermieterIn und HauseigentümerIn ist für das Anbringen von Rauputz für Innenräume zu begeistern.

Wie reagieren?
- Bessern Sie die gelockerten Stücke mit einem Nahtkleber aus, ist es erst zu ein paar unwesentlichen Kratzspuren gekommen. Oder reparieren Sie eine umfangreichere Schadstelle mit einem sogenannten Doppelnahtschnitt.
- Nehmen Sie im nächsten Schritt ein großzügig bemessenes Stück transparenter, selbsthaftender Frischhaltefolie für Lebensmittel. Alu(minium)folie ist gleichermaßen geeignet. Befestigen Sie nun die Folie mittels einiger Klebestreifen über der betroffenen Stelle.

o Spannen Sie die Folie nicht ganz straff, sondern eher locker, mit ein wenig Spiel. Die Frischhaltefolie ist nicht nur glatt, sondern haftet auch ein wenig an den Katzenpfoten und -krallen. Die Alufolie ist ebenfalls flach, macht aber gleichzeitig noch ungewöhnliche Geräusche während des Pfotenkontakts. Beides mögen Katzen nicht sonderlich gerne. Mullstücke erfüllen gleichermaßen ihren Zweck, da sie an den ausgefahrenen Krallen hängenbleiben.

o Oftmals hat sich durch derartige Maßnahmen die Begeisterung vieler Samtpfoten für Tapeten erledigt. Und Ihre Fellnase wendet sich wieder den althergebrachten Kratzangeboten zu. In dem Fall belassen Sie die Folie aus Sicherheitsgründen noch einige Zeit an ihrem Platz. Und loben Sie Ihre Katze immer wieder für ihr Kratzen am dafür vorgesehenen Objekt.

o Wandert der Übungsplatz zum Kratzen jetzt allerdings nur einen Meter nach links oder rechts? Sehen Sie Fellnäschen fortan »mit spöttischem Blick« dicht neben der abgeklebten Stelle am Rand der Folie an der Tapete kratzen?
Nicht verzagen. Wiederholen Sie Ihre Maßnahmen wie vorher geschildert. Entfernen Sie aber bitte unter keinen Umständen die Abdeckungen vom ursprünglichen Platz. Sondern erweitern Sie einfach Ihre neue Inneneinrichtung um ein oder mehrere Folienstücke.

o Zusätzlich stellen Sie jetzt bitte eine (weitere) Kratzgelegenheit auf. Und zwar genau vor die Stelle, die Ihre Katze zum Kratzen an der Tapete nutzt. Je nach räumlicher Gegebenheit hilft Ihnen auch ein kleineres Objekt aus Sisal weiter.

Im weiteren Verlauf des Kapitels stelle ich Ihnen mehrere Ideen vor, Ihre Katze für das zur Verfügung gestellte Kratzzubehör zu interessieren und deren selbstgewähltes Kratzobjekt als ungeeignet erscheinen zu lassen.

Kratzen am Inventar

Gern trifft die samtpfotige Kratzvorliebe einen Einrichtungsgegenstand wie ein oder mehrere Stuhlbeine, die Armlehnen von Sessel und Sofa, Wäschetruhen oder die Lautsprecherboxen der Dolby-Surround-Anlage.

Wie reagieren?

O Die Lautsprecherboxen können Sie zum Beispiel durch Klebestreifen schützen. Dabei kleben Sie das eine Ende des großzügig veranschlagten Klebestreifens links neben die Kratzfläche. Das andere Ende wird rechts der Kratzfläche befestigt. Und zwar so, dass die Klebefläche nach außen zeigt. Je nach Ausmaß der fehlgenutzten Fläche empfiehlt es sich, mehrere Streifen dicht an dicht nebeneinander anzubringen. Will Ihr Stubentiger jetzt erneut voller Elan seine Krallen an der Box wetzten, berührt er die klebenden Bänder mit den empfindlichen Pfotenballen. Und überlegt es sich beim nächsten Versuch hoffentlich zweimal.

O Seien Sie aber bitte sehr vorsichtig beim Einsatz des Klebebands, sowohl die Länge, als auch die Klebekraft des verwendeten Materials betreffend. Damit es zu keinerlei Gefährdung Ihrer Samtpfote in einem unbeaufsichtigten Moment kommt.

O Eine Alternative stellt das Erschrecken durch ein lautes Geräusch dar. Füllen Sie zum Beispiel einfach ein leeres, wiederverschließbares Behältnis aus Kunststoff oder Metall zur Hälfte mit getrockneten Hülsenfrüchten oder Kleingeld. Verschließen Sie den Behälter. Stellen Sie ihn so an den oberen Rand der Lautsprecherbox, dass die Dose während des Kratzvorgangs von der Box herunterfällt. Mit Lärm herunterfällt. Einem Getöse, welches zartbesaitete Gemüter aus dem Bett hochschrecken lässt. Und der Katze möglichst jeden Anreiz nimmt, an dieser Stelle nochmals kratzen zu wollen. Der Effekt liegt aber auch hier der Wiederholung.

Großes Mobiliar wie Sofa oder Sessel wird ebenfalls gern von unseren Stubentigern als Kratzgelegenheit zweckentfremdet.

Wie reagieren?

- O Das Bekleben mit Folie oder die Verwendung eines oder mehrerer klappernder Behältnisse sind je nach Kratzfläche ein eher ungeeigneter Lösungsweg. Insbesondere, wenn es sich um eine großflächige Schadstelle handelt.

- O Um hier das unerwünschte Verhalten Ihrer Katze dauerhaft vom verbotenen Objekt weg auf den von Ihnen gewünschten Gegenstand hinzulenken, wird es kurzfristig etwas mehr Bemühen Ihrerseits erfordern. Ein Aufwand, der sich zweifellos lohnt.

- O Nutzen Sie die Vorliebe Ihrer Katze für diese Kratzstelle. Verschieben Sie das zerkratzte Möbelstück und entziehen es dadurch dem unmittelbaren Zugriff Ihrer Katze. Stellen Sie den Kratzbaum an den jetzt freigewordenen Platz.

  Ist das Verschieben für Sie aus Platzgründen nicht möglich? Dann verhindern Sie doch den freien Zugang Ihrer Katze an den von ihr bevorzugten Kratzbereich. Beispielsweise, indem Sie eine platzsparende Alternative wie einen mobilen Eckschoner, an welcher Ihre Katze künftig ebenfalls kratzen soll, vor den betroffenen Einrichtungsgegenstand stellen.

- O Kein Anblick, der Ihnen eine Reportage in einer exklusiven Wohnzeitschrift garantieren wird? Außer als abschreckendes Beispiel in der Rubrik »Niemals!«? Ich kann Ihre Skepsis nachvollziehen. Winke an dieser Stelle aber mit Ihrer Belohnung in Form einer künftig ausschließlich an Katzenmöbeln kratzenden Wohnungskatze.

Bleiben Sie »dran«

Bitte setzen Sie nicht voraus, dass Ihre Katze nach dem ersten Lärm oder dem ersten Klebekontakt aufgeben wird. Die sprichwörtliche Geduld wird sie es erneut versuchen lassen. Einmal, zweimal. Vielleicht sogar ein drittes oder fünftes Mal. Versuche, während denen es unbedingt wieder kleben oder klappern muss. Ansonsten war alle Müh` vergebens.

Berücksichtigen Sie bitte unbedingt einen ganz wichtigen Punkt bei allen Ihren Maßnahmen:

> ▷ Im gleichen Moment, da Sie Ihrer Samtpfote eine Kratzgelegenheit wegnehmen, müssen Sie ihr eine andere Kratzmöglichkeit anbieten beziehungsweise zur Verfügung stellen. Zum Beispiel den von Ihnen bevorzugten Kratzbaum.

VI.V Tipps zur Umgewöhnung

Ist Ihre Entscheidung gegen den Einrichtungspreis und für die Umgewöhnung Ihrer Katze gefallen? Dann folgt sogleich der nächste Streich.
Ihre Aufgabe ist es nun, Ihren Vierbeiner davon zu überzeugen, dass das
Kratzen am Katzen-Kratzmöbel sehr viel mehr Spaß und Freude bringt als
das Zerstören der Wohnungseinrichtung.

Wie reagieren?
- Ist Ihre Katze ganz wild auf den Geruch von Katzenminze oder
  Baldrian? Dann beduften Sie doch den Kratzbaum etwas damit.
  Legen Sie eines Ihrer getragenen Kleidungsstücke auf das Kratz-
  möbel. Oder reiben Sie das Kratzmaterial mit einem älteren Klei-
  dungsstück ab, welches Ihren Körpergeruch trägt. Verteilen Sie
  Spielzeug oder benutzte Katzen-Decken auf dem Kratzobjekt und
  den Liegeflächen. All diese Maßnahmen sollen dabei helfen, dass
  der Kratzbaum nicht mehr so fremd riecht. Sie lassen ihn für das
  Pelzköpfchen vertraut und als ein wohltuender Bestandteil des
  eigenen Zuhauses erscheinen.
- Integrieren Sie das Kratzmöbel in den Alltag. Einen günstigen
  Zeitpunkt dafür bietet das tägliche gemeinsame Spiel. Werfen Sie
  beispielshalber einfach das Lieblingsbällchen Ihrer Katze während
  des Fangspielens auf oder neben das Kratzobjekt. Ziehen Sie die
  Fellmaus am Fädchen quer durch die Wohnung und nähern Sie
  sich, welch Zufall, dem Kratzbaum. Während die Katze völlig
  selbstvergessen dem sich bewegenden Spielgerät hinterher flitzt,
  ziehen Sie es den Stamm hinauf, und schwuppdiwupp, befindet
  sich das Fellnäschen auch dort und kratzt begeistert.

Geduld zahlt sich aus

Ja, ich gebe unumwunden zu, dass es sich hierbei um eine stark verein-
fachte und optimistische Schilderung handelt. Doch lassen Sie sich bitte
nicht entmutigen, sollte es beim ersten oder zweiten Mal nicht auf Anhieb
geklappt haben. Bleiben Sie beharrlich. Wie unsere Samtpfoten.

○ Versuchen Sie es immer wieder. Integrieren Sie den (neuen)
Kratzbaum unermüdlich in Ihren gemeinsamen Tagesablauf. Achten Sie dabei bitte darauf, ihn einzig und allein mit Annehmlichkei-
ten aus Katzensicht zu verbinden. Machen Sie dem Vierbeiner
deutlich, dass sich an diesem Sisal- oder Teppichmöbel für ihn
ganz tolle Vorgänge ereignen. Schenken Sie ausschließlich dort
Ihre Aufmerksamkeit und Zuwendung wie Loben, Leckerbissen,
Streicheln, Schmusen, Spielen und ähnliches. Falls Ihre Fellnase
gerne gekämmt und gebürstet wird, dann künftig nur noch auf
dem Kratzbaum. Dort, und nur dort!, spielt in Zukunft die Musik.

○ Für Sie und alle anderen Personen in der Familie ist es dabei
außerordentlich wichtig, alle anderen Plätze konsequent zu ignorieren. Denn warum sollte Ihr Minitiger den Kratzbaum nutzen,
wenn er seine täglichen Schmuseeinheiten am bisher gewohnten
Platz genießen kann. Dann könnte doch auch nach Katzenlogik
der Rattansessel wieder zum Kratzen herhalten.

○ Hat Ihre Samtpfote erst einmal begriffen, in welchem Ausmaß sich
die Nutzung des Kratzmöbels lohnt, wird sie es gerne und freudig
tun. Loben Sie Ihre Katze währenddessen überschwänglich. Vor
allem, wenn Ihr Minitiger von sich aus mit dem Krallenwetzen am
Kratzbaum beginnt. Loben Sie mit netten Worten, Streicheln und
Leckerbissen.

○ Sobald dieses Verhalten Ihrer Katze die Norm geworden ist, verändern Sie langsam und unmerklich Ihre Anforderungen: Loben und belohnen Sie erst dann, wenn Ihre Katze von sich aus den Kratzbaum als Spiel- und Schlafgelegenheit nützt. Oder sie, wie bereits erwähnt, von sich aus daran kratzt. In solchen Fällen sollte Ihre Samtpfote dann aber auch mit Ihrer Begeisterung förmlich überschüttet werden. So lange und so oft, bis es Ihrem Tier in Fleisch und Blut übergegangen ist, den Kratzbaum als sein ureigenstes Spiel- und Kratzrefugium zu betrachten. Vergessen die Zeiten, in denen die Couch dafür herhalten musste.

○ Ab diesem Zeitpunkt können Sie damit beginnen, den Kratzbaum an seinen endgültigen Standort zu verschieben. Stückchen für Stückchen. Jedoch alle paar Tage nur um wenige Zentimeter. Damit Ihr Tun nicht so auffällt.

○ Überhasten Sie in diesem Stadium bitte nichts. Sie haben mit Einsatzbereitschaft und Geduld viel erreicht, da kommt es Ihnen zweifelsfrei nicht auf ein paar Tage mehr oder weniger an.

○ Ist der Kratzbaum an seinem endgültigen Standort angekommen, kann auch das Möbelstück wieder an seinen angestammten Platz zurückkehren.

○ Behalten Sie die Katze, den Kratzbaum und den Einrichtungsgegenstand während dieser Übergangszeit gut im Auge. Loben Sie ausgiebig, wählt Ihr Pelzköpfchen weiterhin aus eigenem Antrieb den Kratzbaum. Behalten Sie das Loben bei. Nicht bei jedem noch so kleinen Kratzen. Aber zwischendurch, so ab und zu mal, können Sie Ihrer Mieze schon mal sagen, wie toll ihr Kratzen am Kratzbaum ist. Und wie gut Ihnen das gefällt.

○ Landet der Stubentiger, sozusagen mit einem kleinen Seitenblick in Ihre Richtung, ganz »zufällig« wieder beim Mobiliar und startet dabei ein oder zwei Probekratzer? Ruhe bewahren!

○ Ignorieren Sie scheinbar sein Verhalten. Ansonsten fängt wahrscheinlich alles wieder von vorne an. Greifen Sie sofort ersatzweise auf eine Form der Ablenkung zurück. Zum Beispiel durch ein ungewohntes Geräusch. Warten Sie dann noch eine Weile, locken Sie Ihre Katze zum Kratzbaum und schmusen oder spielen Sie dort mit ihr.

▷ Hegen Sie insgeheim den Verdacht, dass Ihre Katze trotzdem rückfällig werden könnte? Wehret den Anfängen!
Greifen Sie in dem Fall auf eine der zuvor geschilderten Maßnahmen zurück: Schützen Sie besonders gefährdete Stellen Ihrer Zimmerwand mit einem Stück selbsthaftender Frischhaltefolie (Seite 108). Oder stellen Sie ein mit Kleinteilen gefülltes Behältnis auf die Sessellehne (Seite 110).
Und zwar beizeiten.
Je länger Sie Ihrer Katze gestatten, sich an eine unerwünschte Kratzmöglichkeit zu gewöhnen, umso aufwändiger wird sich erfahrungsgemäß die anschließende Umgewöhnung gestalten.

Was unbedingt vermeiden?
☐ Den im Zusammenhang mit unerwünschtem Kratzmarkieren vielfach nachzulesenden Vorschlag, die Pfoten der Katze in die Hand zu nehmen und damit über die Sisalbespannung des ungeliebten Kratzbaumes zu kratzen, halte ich für ungeeignet.
Katzen verabscheuen jede Art von Zwang. Das Tier wird daher eher mit seiner Befreiung aus dieser misslichen Lage beschäftigt sein, als den Kratzvorgang selbst zu beachten.

Veränderungsresistente Fälle

Einen wichtigen Aspekt möchte ich Ihnen ebenfalls nicht verheimlichen: Es gibt Katzen, die sich allen konsequenten und gut gemeinten Umgewöhnungsversuchen widersetzen. Und das sehr beharrlich.

Einerlei, wie geduldig Sie als »DosenöffnerIn« mit Spielzeug und Leckereien locken, wie verführerisch der Kratzbaum nach Katzenminze duftet und wie begeistert die anderen feliden Wohnungsgenossen am Kratzmöbel ihre Krallen wetzen. Alles wird geflissentlich übersehen und ignoriert. Katze kratzt ausschließlich dort, wo sie möchte. Mit Schwung und wachsender Begeisterung.

Möglicherweise gehört auch Ihr Sofalöwe zu diesen widerborstigen Exemplaren. Die Tapete am Mauervorsprung im Flur hat sich dadurch mittlerweile in Wohlgefallen aufgelöst oder hängt in traurigen Fetzen herunter.

An diesem Punkt hilft mehrheitlich nur noch eine Form von pragmatischer Schadensbegrenzung:

- Holen Sie an der betroffenen Stelle die Reste der Tapete von der Wand, bessern Sie die eventuell am Mauerwerk entstandenen Schäden aus und dübeln Sie eines der im Zubehörhandel erhältlichen Kratzbretter aus Sisal unverrückbar fest an die Wand.

  Das meint der Volksmund wohl damit, aus der Not eine Tugend zu machen …

- Oder sind Sie Personal eines Sofalöwen, der jeden aufrecht in die Höhe weisenden Stamm als Kratzgelegenheit verschmäht? Und stattdessen lieber ganz gemütlich, auf allen Vieren stehend, in der Horizontalen seine Krallen wetzt? Der Kurzflor-Teppich und die Sitzflächen der Stühle beweisen es?

  Dann empfehle ich Ihnen, im Zubehörhandel nach einem Kratzteppich, einer Kratzpappe oder einem Kratzbrett Ausschau zu halten. Und sich von Ihrer Vorstellung einer sich beim Kratzen am Kratzbaum empor reckenden Samtpfote zu verabschieden.

Wie reagieren?
- Bleiben Sie ruhig. Trotz allem.
- Überprüfen Sie die Lebensumstände und die Gesundheit Ihrer Katze auf eventuelle Defizite.
- Entscheiden Sie sich unbedingt für eine Kombination aus Verleiden des von der Katze gewählten Kratzgegenstands plus Heranlocken an das gewünschte Kratzobjekt.
- Seien Sie geduldig und geben Sie nicht auf.
- Loben Sie Ihre Katze für das erwünschte Kratzen – vor allem nach vermeintlichen Rückschlägen, während deren Ihr Tier in alte Verhaltensweisen zurückgefallen ist.

Was unbedingt vermeiden?

- Schreien, Vertreiben oder gar körperlichen Züchtigungen sind völlig ungeeignet, Ihre Samtpfote zur Verhaltensänderung zu veranlassen.
- Schlagen Sie das Tier bitte auf gar keinen Fall. Weder mit Ihrer Hand oder, je nach Größe und Objekt, mit dem betroffenen Gegenstand noch mit unbeteiligten Gegenständen, wie einer zusammengerollten Zeitung.
- Versuche, die Katze durch spezielle Sprays, Parfüm oder Essig von einem Objekt fernzuhalten, sind zumeist erfolglos.
- Das Wegsperren in andere Zimmer für unbefristete Zeit ist keine Lösung. Eventuell sogar verbunden mit einem möglichen Vergessen der Katze (im Sinne von »schmoren lassen«) Ihrerseits. Sondern oftmals der Wegbereiter für neue und häufig (noch) gravierendere Verhaltensauffälligkeiten. Unsauberkeit vielleicht, als nur ein Beispiel von vielen.
- Das vermeintlich anonyme Besprühen aus einer Wasserflasche ist nicht zielführend. Und schadet mehr der Beziehung zwischen Katze und Mensch, als dass es Kratzmarkieren verhindert.
- Generell könnte Ihr Bestrafen dazu führen, dass Ihre Katze das unerwünschte Verhalten nur noch heimlich, unter dem Ausschluss der Öffentlichkeit, ausübt. Das wiederum würde Sie jeder Möglichkeit berauben, auf das Verhalten Ihres Tieres reagieren zu können und es zu verändern.

Und genau das möchten Sie doch erreichen.

VII.
Anhang

VII.I *Über die Autorin*

Anja Demandt setzt sich seit vielen Jahren kompetent für den verantwortungsvollen Umgang mit dem Sozialpartner Katze ein. Ihr Engagement beruht dabei auf dem Gedanken, Respekt sowie das Verständnis für art- und wesensgerechte Tierhaltung bei KatzenhalterInnen und auch KatzenfreundInnen wecken, fördern und vertiefen zu wollen.

Basis dafür sind ihre beruflich erworbenen Kenntnisse und Fertigkeiten der Tierpsychologie im Spezialgebiet Katze, Naturheilkunde für Katzen und Tierkommunikation.

Qualifikationen, die komplettiert werden durch diverse menschen- und katzenbezogene Weiterbildungen.

Mehr Informationen erhalten Sie im Internet unter https://anja-demandt.me

Danksagung

Adonis, Alisha, Aura, Diana, Hanami, Ina, Jessi, Sir Melrose und Wistra für ihre ganz eigene Sicht auf die Dinge.

Allen Mitmenschen, die mich tatkräftig unterstützt haben.

VII.II Quellenverzeichnis

Bilder
Umschlag und alle Kapitel: Jana Weichelt

Seite 5: oben: Erik Lam   mittig: Magalice   unten: Lars Christensen

Seite 6: oben: Nicolai Tsvetkov   unten: Erik Lam

Seite 19: The Len   Seite 22: Yury Kisialiou

Seite 27: irinakuz9   Seite 29: Evelien

Seite 32: aussieanouk   Seite 48: mma23

Seite 53: rhoenes   Seite 57: Erik Lam

Seite 61: cynoclub   Seite 66: Margarita Borodin

Seite 73: photosaint   Seite 80: tankist276

Seite 85: Alex Photo   Seite 89: Natasha

Seite 91: byallasaa   Seite 97: MNStudio

Seite 103: FurryFritz   Seite 107: New Africa

Seite 113: Amerigo_images   Seite 118: Evrymmnt

alle: stock.adobe.com

Seite 123: Fotostudio BLENDE 8

Seiten 35, 126, 127: Anja Demandt

Literatur

Eilert-Overbeck, Brigitte: Meine Katze verstehen - Falken Verlag, 1998

Hofmann, Helga: Meine Katze richtig verstehen - Mosaik Verlag, 1994

Leyhausen, Paul: Katzen, eine Verhaltenskunde - P. Parey Buchverlag, 1979

Leyhausen, Paul: Katzenseele - Franckh-Kosmos Verlag, 2005

Pfleiderer, Mircea: Katzenverhalten - KOSMOS Verlag, 2014

Schär, Rose.: Die Hauskatze: Lebensweise und Ansprüche - E. Ulmer, 2003

VII.III *Hinweise*

▷ Das Ihnen vorliegende Buch ist sorgfältig erarbeitet worden. Dennoch erfolgen alle Angaben ohne Gewähr. Aus diesem Grund übernimmt die Autorin für eventuelle Fehler oder Schäden, die aus den im Buch gegebenen praktischen Hinweisen resultieren, keine Haftung.

▷ Körperliche Erkrankungen erfordern unbedingt die sachgerechte und fachgemäße Behandlung durch das tiermedizinische oder -therapeutische Fachpersonal Ihres Vertrauens.

▷ Stellen Sie im Zweifelsfall Ihre Katze immer der Tierärztin, dem Tierarzt Ihres Vertrauens vor. So kann sie/er gesundheitliche Ursachen als Auslöser des gezeigten Katzenverhaltens ausschließen oder gegebenenfalls veterinärmedizinisch behandeln. Des Weiteren unterstützt Sie eine Person im tierärztlichen Dienst mit Zusatzausbildung in Verhaltenstherapie bei Ihren Fragen zum gezeigten Verhalten Ihrer Mieze.

▷ Ebenso gehören schwerwiegende, länger anhaltende oder auch für Sie als HalterIn unerklärliche Verhaltensauffälligkeiten unbedingt in die Hand eines Profis für Katzenverhalten. Sie eignen sich nicht für eigene, wenn auch gut gemeinte »Experimente«.

Anja Demandt

Praxisbuch
Katzenhaltung

*Anregungen für ein art- und
wesensgerechtes Miteinander*

Paperback, 15,5 x 22 cm, 256 Seiten, 34 Abbildungen
ISBN 978-3-8423-2501-9

Im Handel auch als E-Book erhältlich.

Anja Demandt

Unser Katzenalltag ist besonders

Lebensqualität für Mensch und Mieze
mithilfe Katzenpsychologie & -naturheilkunde

Paperback, 15,5 x 22 cm, 124 Seiten, 40 Farbfotos
ISBN 978-3-7322-6404-9

Im Handel auch als E-Book erhältlich.